다르게 다가서는 역사

KB074445

다르게 다가서는 역사

지은이 | 탁지일

펴낸이 | 원성삼

책임편집 | 김지혜

본문 및 표지디자인 | 표소영

펴낸곳 | 예영커뮤니케이션

초판 1쇄 발행 | 2018년 9월 15일

등록일 | 1992년 3월 1일 제2–1349호

주소 | 04018 서울시 마포구 동교로 55 2층(망원동, 남양빌딩)

전화 | (02) 766–8931

팩스 | (02) 766–8934

홈페이지 | www.jeyoung.com

ISBN 978–89–8350–998–7(93910)

값 13,000원

이 도서의 국립중앙도서관 출판예정도서목록(CIP)은 서지정보유통지원시스템 홈페이지
(http://seoji.nl.go.kr)와 국가자료공동목록시스템(http://www.nl.go.kr/kolis-
net)에서 이용하실 수 있습니다.(CIP제어번호: CIP2018027160)

모든 인간은 하나님의 형상을 닮은 존귀한 존재입니다. 사람은 인종, 민족, 피
부색, 문화, 언어에 관계없이 모두 다 존귀합니다. 예영커뮤니케이션은 이러한
정신에 근거해 모든 인간이 존귀한 삶을 사는 데 필요한 지식과 문화를 예수 그리스도의
사랑으로 보급함으로써 우리가 속한 사회에 기여하고자 합니다.

다르게
다가서는 **역사**

탁지일 지음

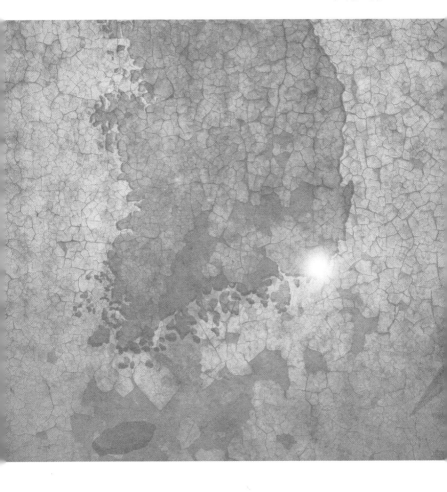

추억은 다르게 적힌다!

부산경남지역에서 바라보는 한국의 기독교 역사는 다르게 적힐 수밖에 없다. 지역교회사 연구는 새롭고 풍요로운 눈으로 한국교회사의 숲과 나무를 볼 수 있도록 도와준다. 동일한 역사의 시공간에 머물렀다고 하더라도, 추억은 다르게 적힌다.

역사는 객관적일 수 없다. 객관적이라는 미명하에 타자의 역사관이 주입되기도 한다. 사회복지 강국 북유럽에서 자라난 어린이와 절대적 빈곤을 운명으로 갖는 아프리카의 어린이가 바라보는 역사가 동일할 수는 없다. 여성의 인권이 어느 정도 보장된 북미에서 살아가는 여성과 가부장적이고 권위적인 영남 지역에서 살아가는 여성이 바라보는 역사가 같을 수 없다. 교회의 공적 기록에 이름조차 남아 있지 않은 수많은 전도부인들이 바라보는 복음전도의 역사와 소수의 제한된 남성 교회 지도자들이 바라보는 교회 역사가 동일할 수는 없다. 역사는 철저히 주관적이며, 하나의 역사적 사건에 대한 추억은 동일하게 기록될 수 없으며, 다르게 적힐 수밖에 없다.

하지만 자신만의 차별화된 경험이 보편적인 역사가 될 수 없는 것도 사실이다. 스펀지가 물을 흡수하듯, 개인의 추억에 흠뻑 젖어 있는 역사가는 다수의 공감과 동의를 얻을 수 있는 역사 서술을 할 수 없다. 그저 주관적인 자기 고집이나 배타적인 주장으로 나타날 뿐이다. 그렇기에 역사학에는 일차 자료에 근거한 비교 분석이 필수적이다. 사실(fact)의 단순한 나열을 넘어, 비교 분석을 통해 진실(truth)에 접근하는 작업이다. 마치 시소(seesaw)라는 놀이기구의 원리처럼, 사건이 일어난 과거(saw)와 그 사건을 바라보는 현재(see)의 시각이 합리적인 균형을 잡았을 때에 서로가 동의할 수 있는 과거와 현재의 대화가 시작될 수 있는 것이다.

역사를 공부하는 것은 마치 자동차를 운전하면서 옆 거울을 보는 것과 같다. 옆 거울을 보는 이유는 뒤로 운전하기 위해서가 아니라 안전한 운전을 통해 목적지에 이르기 위한 것이다. 교회사를 공부하는 이유도, 우리보다 먼저 예수를 그리스도로 믿고 하나님의 품에 안긴 수많은 선진들의 삶을 이해(understanding)하는 것을 넘어, 그들을 통해 우리에게 주어지는 지혜를 발견(discovery)하고, 우리들의 하루하루의 삶 가운데 그 지혜를 적용(application)하기 위해서다. 자동차 옆 거울에 보일듯 말듯 적혀 있는 것처럼, '역사는 보이는 것보다 가까이 있다.'

그동안 부산경남지역의 교회 역사를 공부하면서 발표해 온 글을 모아 이 책을 준비했다. 15년 전 생면부지 부산경남지역에 정착한 후 연구한 결과물이기도 하다. 부끄러움이 앞서지만 후학들을 위한 작은 선행연구가 되었으면 하는 희망이 담겨 있다. 무엇보다도 사랑에 대한 추억은 늘 다르게 적힌다는 사실을 26년 동안 가르쳐 준 사랑하는 아내에게 이 책을 바친다.

차례

1

부산 기독교 역사 기행

부산지역 개신교 유적지는 부산항을 중심으로 형성되어 있다.[1] 구한말 조선을 찾은 첫 선교사들이 처음 도착한 부산항(釜山港), 대부흥운동의 주역 하디 선교사 가족이 살았던 영도(影島), 데이비스 선교사를 비롯한 초기 선교사들이 묻힌 복병산(伏兵山), 한강 이남 지역 최초의 근대여성교육기관이며 부산지역 삼일만세운동의 진원지인 부산진일신여학교(釜山鎭日新女學校) 교사(校舍) 등은 부산 도심 해안가를 따라 위치하고 있다.

조선을 찾아온 선교사들이
첫발을 내딛은 "부산항"

　　　　　　　　　오늘날 무심히 딛고 살아가는 평범한 부산의 거리는 과거 이 땅에 살던 그 누군가에게는 치열

1　이 글은 2009년 한국연구재단의 연구비 지원으로 작성된 "부산지역 개신교 유적지 개발 및 활용 방안 연구(「한국 기독교신학논총」 2011년 76집)"를 편집, 보완한 것이다.

　　　　　　　　　　　　　　　　다르게 다가서는 역사

한 삶의 현장이었다. 19세기 말 조선을 찾은 외국 방문객이 가장 처음 발을 내딛은 용두산 밑 옛날 해관(海關)부두의 모습은 지금 찾아볼 수 없지만, 조선의 관문(關門)이었던 그 자리는 시간의 흐름에도 동일한 역사적 공간으로 우리 곁에 남아 있다.

구한말 조선을 찾아오는 모든 방문객들이 처음 보는 조선의 산하는 제물포가 아닌 부산이었다. 이들은 부산을 거친 후에야 제물포, 평양, 원산 등지로 갈 수 있었다.[2] 구한말 역사 자료들은 예외 없이 이러한 사실을 입증하고 있다. 초기 선교사들인 알렌, 언더우드, 아펜젤러 등 거의 모든 개신교 선교사들이 그 첫 발걸음을 내딛은 곳도 다름 아닌 부산이었다.

부산은 복음화 비율이 가장 저조한 불교의 땅이 아니라 복음의 씨앗이 가장 먼저 뿌려진 은혜의 땅인 것이다. 부산에 도착한 선교사들은 인근 마을을 방문하거나 부산 사람들을 접촉하면서 본격적인 조선 선교를 준비했다.

캐나다 선교사 윌리엄 맥켄지(William J. McKenzie, 1861-1895)는 부산항으로 들어오는 배 안에서 부산의 산을 바라보며 하나님의 종으로서 죽기까지 충성할 것을 다짐했고, 미국 선교사 헨리 아펜젤러(Henry G. Appenzeller, 1858-1902)는 부산의 마을을 이곳

---

2 비숍 I. B., 『조선과 그 이웃 나라들』(Korea and Her Neighbors)(서울: 집문당, 2004), 33-44.

저곳 돌아다니며 선교지의 정보를 수집하며 조선 선교를 준비했다. 캐나다에서 온 부산의 첫 상주 선교사 제임스 게일(James Gale, 1863-1936)은 부산 사람들에 대해 일본 사람보다 크고, 잘생겼고, 흰 옷을 입었으며, 대부분 담뱃대를 가지고 다닌다고 상세히 묘사했다.[3]

기독교 성지(聖地)는 시공(時空)을 초월한다. 지금은 부산 용두산공원 아래의 평범한 거리가 되어 버린 역사의 현장 부산항은 조선을 찾은 복음선교사들이 그 첫발을 내딛은 부산지역에서 가장 의미 있는 성지로 남아 있다.

대부흥운동의 주역
하디 선교사의
첫 보금자리 "영도"

로버트 하디(Robert Hardie, 1865-1949)는 가족과 함께 최초로 부산에 거주했던 캐나다 출신의 선교사다. 대부분의 한국교회사 서술들은 1907년 대부흥운동이 하디의 성령 체험과 뜨거운 회개의 눈물과 함께 시작되었다고 기술

---

3 *Varsity*(February 9, 1889), 96. 유영식, 이상규, 존 브라운, 탁지일, 『부산의 첫 선교사들』(서울: 한국장로교출판사, 2007), 49에서 재인용.

하고 있다. 하지만 그 어떤 기록도 왜 하디가 그토록 뜨거운 회개의 눈물을 흘렸는지 명확하게 설명해 주고 있지 않다. 단지 그가 지난 사역의 잘못된 점을 깨달았기 때문이라고 언급할 뿐이다.

이러한 의문은 19세기 말 부산에서 하디 부부가 어린 두 딸과 함께 어떻게 살았는지를 안다면, 그가 흘렸던 눈물의 의미를 어렵지 않게 이해할 수 있다. 순탄한 인생의 길을 걸어왔던 사람보다는 파란만장한 삶을 살았던 사람이 지난 삶을 돌아보며 뜨거운 눈물을 흘릴 수 있다. 1907년 대부흥운동을 촉발시킨 하디의 눈물도 부산에서의 고난과 좌절의 삶으로 인해 흘러내렸다는 사실을 역사의 행간을 통해 읽을 수 있다.

하디는 캐나다 토론토대학교 출신의 의료선교사로 한국에 왔다. 그는 1890년 9월 30일 부산에 첫 발을 내딛었고 1891년 4월부터 이듬해 11월까지 부산에 머물렀다. 하디는 토론토대학교 학생들의 경제적 지원으로 한국에 왔기 때문에 경제적으로 어려운 환경에 놓여 있었다. 부산에 와서도 당시 부산 해관에서 일하는 외국인들을 돌보는 파트타임 의사로 일하며 생계를 유지해야만 했다. 하디에게 부산은 가장으로서 그리고 선교사로서 좌절과 고난의 땅이었다.

하디는 아내와 어린 두 딸과 함께 낯선 이국땅 항구도시 부산에 정착해야 했다. 경제적으로 어려웠던 하디는 온 가족이 부산 영도의 한 작은 콜레라병원에 거주했다. 하디의 거처는 원래 콜레라나 천연두에 걸린 외국인 여행객들을 격리하기 위해 마련된 작은 목조건물이었다. 이십대 중반의 젊은 가장으로서 아내와 어린 두 딸의 생계를 책임져야만 했던 하디의 애타는 마음을 쉽사리 짐작해 볼 수 있다. 게다가 조선의 관문 부산을 오가는 선교사들은 하디의 집에 거의 머물렀기 때문에, 열악한 환경이었지만 그나마 늘 손님을 맞아야 하는 사생활이 보장되지 않는 힘든 나날이었다. 캐나다의 명문대를 졸업한 젊은 엘리트 의료선교사의 신분으로 한국 복음화의 꿈을 갖고 온 하디에게 부산은 단지 경제적인 것을 충족하기 위해 의료 활동에 집중해야만 했던 좌절의 땅이었다.

하지만 부산에서의 하디의 고난과 좌절은 1907년 대부흥운동의 작은 불씨로 피어오르게 되었다. 그의 고난과 좌절은 성령의 위로하심 가운데 뜨거운 회개의 눈물이 되어 쏟아 내렸다. 하디는 선교 사역의 실패가 바로 자신으로 인한 것이었음을 깨달은 것이었다. 1903년 원산에서 일어난 하디의 회개와 성령 체험은 조선 전체의 기쁨과 소망이 되었다. 부산에서 고난과 좌절의 경험이 1907년 평양대부흥운동의 작은 씨앗이 된 것이었다.

다르게 다가서는 역사

첫 선교사들의
영원한 안식처 "복병산"

부산 중구 대청동에 위치한 복병산은 부산경남지역 선교 역사에 있어서 가장 뜻깊은 성지라고 할 수 있다. 왜냐하면 복병산 기슭은 초기 선교사들과 가족들의 묘역이 가장 먼저 조성된 곳이기 때문이다. 첫 호주 선교사인 헨리 데이비스(Henry Davies, 1856-1890), 미국 선교사 윌리암 베어드(William Baird, 1862-1931)의 딸 낸시 로즈(Nancy Rose, 1892-1894), 미국 선교사 찰스 어빈(Charles Irvin, 1862-1933) 등이 이곳에 묻혔다. 물론 지금 선교사들의 묘역은 흔적조차 남아 있지 않고, 묘역이 있었던 장소로 추정되는 동광동 일대는 좁은 골목길과 빼곡히 들어선 주택과 가게들로 숨 쉴 틈조차 없는 복잡한 장소가 되어 버렸다.

복잡한 삶의 터전이 되어 버린 오늘날의 복병산 기슭은, 지금으로부터 120년 전 부산에 복음의 씨앗을 뿌리기 위해 조선을 찾은 데이비스 선교사가 서울에서 부산까지 걸어오는 동안 얻은 병으로 인해 하나님 품에 안긴 후 묻힌 곳이다. 부산 선교를 위해 부산을 찾은 그가 부산에 머문 시간은 하루 남짓이었지만, 그의 죽음은 부산경남지역 복음화의 새로운 시작이 되어 본격적인 호주장로교회의 선교를 가능하게 했다.

데이비스의 죽음을 지켜본 부산의 첫 상주 선교사 제임스 게일은 데이비스의 마지막을 다음과 같이 기록하고 있다.

데이비스 선교사와 저는 우리가 건강하든지 아프든지, 살든지 죽든지 오직 주님의 영광을 위해서 살 수 있도록 해 달라고 주님께 간절히 기도했습니다. … 오늘 오전 부산항이 내려다보이는 산기슭에 데이비스 선교사를 묻었습니다. 우리 주 예수 그리스도가 이 땅에 다시 오실 때까지 데이비스 선교사는 여기에 잠들어 있을 것입니다.[4]

데이비스의 죽음은 끝이 아니라 부산지역 복음화의 시작이었다. 게일의 고백처럼 데이비스 선교사는 주님 다시 오실 때까지 잠시 부산 땅에 잠들어 있을 뿐이다.

---

[4] 데이비스의 죽음에 대해 게일이 동생 메리 데이비스에게 보낸 편지. 당시의 관련 사진들을 비교 분석해 보면, 데이비스의 무덤이 있던 자리는 현재의 남성여자고등학교 인근으로 추정된다.

부산지역 근대여성교육의 요람
"부산진일신여학교"

부산진일신여학교의 역사는 부산 선교를 위해 조선을 찾아온 호주 선교사들에 의해 시작된다. 첫 호주 선교사 헨리 데이비스가 1890년 4월 5일 사망해 복병산 기슭에 묻힌 후, 1891년 5인의 호주 선교사들이 부산을 찾으면서 호주 교회의 본격적인 부산경남지역 선교가 시작된다.[5] 이들을 통해 부산, 마산, 진주 등지에 근대교육기관들이 설립된다. 특히 고아인 여자 어린이들을 위한 시설이 부산에 설립됐는데, 이것이 바로 한강이남지역 최초의 근대여성교육기관인 부산진일신여학교의 시작이다.

부산진일신여학교는 부산광역시 동구 좌천동 언덕 부산진교회 맞은편에 위치하고 있다. 1895년 10월 15일에 개교한 부산진일신여학교는 세 가지 중요한 역사적 의미를 가지고 있다. 첫째, 건축학적으로 부산진일신여학교 건물은 가장 오래된 부산지역 유일의 서양식 벽돌 건물이고, 둘째, 부산진일신여학교는 부산지역 근대여성교육의 요람이며, 셋째, 부산진일신여학교는 부산지역 최초의 삼일만세운동이 일어난 곳이다. 이러한

---

5 호주 교회의 부산 선교에 대한 자세한 논의는 이상규, 『부산지방 기독교 전래사』(서울: 글마당, 2001)가 유용하다.

건축학적, 역사적 가치를 인정받아 2003년 5월 2일 부산광역시 기념물 제55호로 지정되기도 했다.

먼저 부산진일신여학교 건물은 건축학적 가치가 뛰어난 서양식 건물이다. 부산지역에 현존하는 대부분의 근대식 건축물들이 일제에 의해 지어진 것을 고려할 때, 호주 선교사들에 지어진 이 서양식 건물의 건축학적 가치는 높다. 듬직하면서도 섬세하고, 단순하면서도 우아하다.

또한 부산진일신여학교는 부산지역 근대여성교육의 요람이다. 부산지역에서 활동하던 초기 호주 선교사들 중에는 미혼여성들이 많았다. 이로 인해 접촉이 쉽고 교육에서 소외된 여성교육에 자연스럽게 관심을 두었다. 초기에는 여자 어린이들을 위한 고아원을 운영했지만, 후에는 근대여성교육의 필요성을 느껴 정식교육기관을 설립하기에 이른다. 이들 호주 선교사들이 여성교육을 중요하게 생각한 이유는, 민족의 미래를 위해서 부인들과 어머니들이 먼저 교육되어야 하고, 이러한 여성교육은 가정과 사회에서 미래의 민족지도자들을 양성하는 데 중요한 영향을 끼친다고 보았기 때문이다. 특히 일본인들의 교육이 조선 통치를 합리화하면서 일본인과 조선인을 차별하는 남성 중심의 교육이었던 반면에 부산진일신여학교의 교육은 민족교육인 동시에 소외계층 특히 여성들을 위한 교육이었다.

다르게 다가서는 역사

무엇보다도 가장 중요한 사실은 부산진일신여학교는 부산
지역 최초의 삼일만세운동이 일어난 곳이라는 점이다. 만세운
동의 주역들은 다름 아닌 부산진일신여학교의 여 교사들과 어
린 여학생들이었다. 1919년 3월 1일에 발발한 독립만세운동이
전국으로 확산되면서 부산에까지 이르렀다. 부산진일신여학
교의 여 교사들과 여학생들은 밤새도록 준비한 태극기를 들고
좌천동 거리로 나가 만세운동를 벌였는데, 이는 부산지역 최초
의 만세운동였다. 이로 인해 교사들과 학생들은 일제에 체포되
어 감옥에 갇히지만, 이들은 결코 일제의 횡포에 굴하지 않고
꿋꿋하게 만세운동의 당위성을 주장했다. 이들의 각오가 어땠
는지는 당시 학생 신분으로 시위에 참가했던 졸업생 김반수의
증언을 통해 생생하게 알 수 있다.

> 태극기를 들고 3월 11일 밤 8시경 거리로 가지고 나가, 가
> 는 사람 오는 사람들에게 나누어 주어 목이 터지도록 대한
> 독립만세를 불렀답니다. 부르다 부르다 지쳐 쓰러지면 또
> 용기를 내어 불렀답니다. 그때는 여자로서 부끄럽다거나 무
> 섭다기보다는 우리나라를 되찾아야지 하는 일념 때문에 일
> 본 경찰에게 수모를 당해 가면서도 항의를 했답니다. 그때
> 의 일을 생각하니 아무것도 모르는 철부지였지만 정말 그런

일을 해 냈다는 것을 생각하니 너무 대견스럽고 가슴 뿌듯
합니다.[6]

현재 부산진일신여학교 건물은 부산진일신여학교 기념전시
관으로 활용 중이다. 기념관 운영을 통해 그 건축학적, 역사적
의의를 보존해 나아가는 한편, 다음세대를 위한 교육의 장으로
활용되고 있다. 또한 이곳을 통해 호주 선교사들의 조선 선교
를 위한 노력과 일제에 맞선 어린 여학생들의 민족 사랑의 마
음이 이곳을 찾는 이들에게 전달될 수 있는 역사적 공간이 되
고 있다.

애니 베어드 선교사의 찬송
"멀리 멀리 갔더니"의 배경

미국북장로교 선교사 윌리엄 베
어드와 그의 부인 애니 베어드(Annie Baird, 1864-1916)는 영남 지역
초기 교회 설립을 주도했다. 평양에 마펫(Samuel Moffett, 1864-1939)
그리고 서울에 언더우드(Horace Underwood, 1859-1916)가 있었다면,

---

6 동래여자고등학교 역사박물관에 전시된 제7회 졸업생 김반수의 편지.

다르게 다가서는 역사

영남에는 베어드가 있었다. 베어드 부부는 부산(1891-1895), 대구(1895-1896), 서울(1896-1897), 평양(1897-1931) 등지에서 헌신적으로 사역했다.

특히 부인 애니 베어드는 여성교육과 문서 및 교육 선교에 헌신했으며, 음악적 재능이 있어 한국 교회의 초기 찬양집들인 『찬셩시』, 『찬숑가』 등을 편찬했다. 한국어에도 문학적 언어학적 조예가 깊어 여러 찬송가를 세련되게 번역하기도 했다. 예를 들면 그녀가 번역한 찬송들 중 "멀리 멀리 갔더니"가 있는데, 이 찬송의 원제목은 "I am coming to the cross"지만 그녀의 삶과 신앙의 고백을 담아 "멀리 멀리 갔더니"라는 한국어 가사로 새롭게 작시했다. 이 찬송은 1895년 『찬미가』에 처음 수록되었다.[7]

이 찬송은 부산에서의 애니 베어드의 삶과 깊은 연관이 있다. 애니 베어드의 부산 생활은 고난의 연속이었다. 그녀의 부산 생활을 기록한 *William Baird of Korea: A Profile*에 따르면, 그녀는 임신 7개월 상태의 힘든 몸이었으며, 그들의 거처를 공사하는 중국인 인부들로 인해 말할 수 없는 스트레스를 받아

---

[7] 멀리 멀리 갔더니 처량하고 곤하여/슬프고도 외로워 정처 없이 다니니/예수 예수 내 주여 지금 내게 오셔서/떠나가지 마시고 길이 함께하소서/예수 예수 내 주여 섭섭하여 울 때에/눈물 씻어 주시고 나를 위로하소서/다니다가 쉴 때에 쓸쓸한 곳 만나도/ 홀로 있게 마시고 주여 보호하소서

야 했다.[8] 특히 남편 베어드가 영남 지역(부산, 동래, 밀양, 청도, 대구, 상주, 안동, 의성, 경주, 울산) 순회선교를 떠나 있는 동안에는 모든 어려움을 혼자 견뎌 내야만 했다.

다행히 우여곡절 끝에 새 집이 완공되었고, 1892년 7월 5일에는 그들의 첫 딸 낸시 로즈가 태어나 베어드 부부에게 기쁨을 주었다. 하지만 1894년 5월 13일, 베어드가 순회전도여행을 가 있는 동안, 애니 베어드는 그녀의 사랑하는 딸 낸시 로즈를 뇌수막염으로 잃게 된다.

찬송 "멀리 멀리 갔더니"에는 부산에 정착한 애니 베어드의 아픔이 고스란히 찬송가사로 남아 있다. 그녀는 복음 선포를 위해 고향을 떠나 태평양을 건너, 조선으로 "멀리 멀리" 왔고, 임신 7개월의 힘든 처지에서도 남편 베어드 선교사를 순회전도를 위해 "멀리 멀리" 보내야만 했고, 그녀의 힘든 삶의 커다란 위로가 되었던 사랑하는 딸 낸시 로즈도 하나님 곁으로 "멀리 멀리" 보내야만 했다.

그렇기에 그녀가 작시한 찬송 "멀리 멀리 갔더니"에는 이러한 그녀의 아픔이 신앙고백으로 승화하여 담겨 있는지도 모른다. 조국을 떠나 멀리 멀리 와 있는 처량하고 외로운 마음, 만

---

8 Richard H. Baird, *William M. Baird of Korea: A Profile* (Oakland, CA., 1968), 13-54.

다르게 다가서는 역사

삭의 몸으로 남편 없이 혼자 집을 지켜야만 했을 때 섭섭하여 울면서 홀로 있게 하지 말아 달라는 애절한 마음을 느낄 수 있다. 고향도 떠났고, 남편도 순회전도를 위해 떠났고, 사랑하는 딸도 병들어 하나님 곁으로 떠났지만, 예수님만은 자신의 곁에 계셔서 떠나가지 말고 영원히 함께 해 달라는 그녀의 간절한 소망이 담겨 있다.

애니 베어드는 암 치료를 위해 1914년 미국으로 돌아갔다. 그러나 남편이 있는 한국에 잠들기를 소망하여 한국으로 다시 돌아왔다. 그리고 마침내 1916년 6월 9일 평양에서 하나님의 부르심을 받는다. 애니 베어드의 집은 세상 그 어느 곳에도 없었다. 미국도, 부산도, 대구도, 서울도, 평양도 아니었다. 그녀의 집은 사랑하는 딸이 먼저 가서 기다리는 곳, 사랑하는 남편이 언젠가 찾아올 곳, 바로 그곳이 그녀의 본향, 하나님의 집이었다.[9]

---

9 "멀리 멀리 갔더니" 뿐만 아니라 "눈을 들어 하늘 보라"라는 찬송도 부산지역 기독교 역사와 깊은 연관이 있다. 한국전쟁 당시 피난지 부산에 세워진 교회들의 찬양대를 중심으로 애창되던 이 찬송에는 한국전쟁 당시 부산의 형편이 사실적으로 그려져 있다. 이 찬송들은 모두 개신교 유적지 이해를 돕기 위한 스토리텔링의 귀중한 자료가 된다.

부산지역 관광자원과

개신교 유적지의

연계 및 활용

　　　　　　부산지역의 개신교 유적지들은 지역 관광자원들과의 연계성이 좋을 뿐만 아니라, KTX/SRT 부산역 주변에 위치해 있고 또한 버스와 지하철 등의 대중교통 시설이 발달되어 있어 접근성이 뛰어나다. 상기 언급한 부산지역 개신교 유적지들을 지역 관광자원과 연계하는 탐방코스를 다음과 구성해 볼 수 있다. 친환경적인 도보관광을 고려했다.

　　　* 부산지역 개신교 유적지 탐방은 초기 선교사들이 첫 발을 내딛었던 "부산항"으로부터 시작한다.[10] 1876년 개항 이후 1883년에 설치된 부산해관은 현재의 부산항 연안여객 터미널 건너편 용두산공원 동쪽(현 부산데파트 부근)에 위치했다. 현재의 해안선은 일본인들의 매립으로 인해 확장된 상태다. 초기 한국선교사들이 첫 발을 내딛은 부산항에는

10　부산광역시 중구청은 부산광역시 관광협회와 문화관광해설사회와 함께 부산세관박물관과 40계단문화관, 백산기념관, 부산타워, 부산근대역사관, 민주공원, 부산광역시 중앙도서관 등의 시설들로 중구문화네트워크를 구성하고, "중구문화네트워크의 태동과 꿈"이라는 안내서를 통해 각 시설에 관한 정보제공과 함께 왜관 거리, 영도다리, 하꼬방, 책방골목, 활동사진, 자갈치시장, 돼지국밥, 용왕제 등의 주변 볼거리와 먹거리를 소개하고 있다. 중구문화네트워크, "중구문화네트워크의 태동과 꿈."

현재 부산해안을 둘러볼 수 있는 유람선이 운행되고 있고, 인근 부산본부세관에 위치한 "부산세관박물관"은 선교사들의 입국이 시작된 개항 당시의 부산항 역사를 생생하게 보여 주고 있다.

* 부산항에서 중앙대로를 건너면 유서 깊은 "용두산공원"이 나온다. 용두산은 일제강점기 당시 일제의 신사(神社)가 있었던 곳이며, 용두산 남쪽으로는 일본인들이 집중적으로 거주하던 지역이었다. 용두산공원 내에 있는 부산타워에서는 부산 시내와 해안을 한 눈에 조망할 수 있다.

* 용두산 주변에는 많은 관광명소들이 자리 잡고 있다. 용두산 아래에는 역사적인 "부산근대역사관(옛 미문화원)"이 있어 부산 근대역사에 대해 볼 수 있으며, 항일독립운동가 안희제(1885-1943)가 독립운동자금을 마련하기 위해서 설립한 백산상회(白山商會)가 있던 자리에 "백산기념관"이 위치하고 있어 백산의 항일독립정신을 기릴 수 있다. "보수동책방골목"에서는 오래된 책을 만날 수 있으며, 보수동책방골목문화관에 있는 역사관에는 희귀한 고서(古書)들이 전시되어 있다. 또한 부산의 명소 중 하나인 "국제시장"과 젊은층을 위한 "광복동패션거리"가 조성되어 있어 다양한 연령층의 탐방객들이 관심을 가질 수 있다.

* 용두산 북쪽 대청로 건너편은 초기 선교사들이 묻힌 복병
산이 위치하고 있다. 지금은 이장(移葬)과 유실로 인해 그
흔적을 찾아볼 수 없으나, 이곳은 부산 선교를 위한 소중
한 밀알들이 떨어져 처음으로 잠든, 부산 선교 역사에서
가장 뜻깊은 곳으로 기억되고 있다. 무덤들이 있었을 것
으로 추정되는 곳에는 한국전쟁 당시 피난지 부산의 생활
상을 생생하게 볼 수 있는 "40계단문화관"이 있다. 40계
단은 한국전쟁 당시 피난지 부산의 상징적인 장소인데,
40계단문화관을 통해서 한국전쟁 당시의 생활상을 담은
사진과 생활용품 등을 생생하게 접할 수 있다. 부산광역
시 중구는 이곳에 시민문화공간인 중구문화의집도 함께
설치해 시민들의 다양한 욕구를 충족해 주고 있다. 또한
인근에는 "40계단문화관광테마거리"가 조성하고 여러 조
형물을 설치해 많은 관광객이 찾고 있다.

* 용두산공원 남쪽에 있는 한국전쟁 당시 피난지 부산의 상
징이었던 영도대교를 건너면 "영도"에 이른다. 영도는 평
양대부흥운동의 주역 하디 선교사의 거처가 있었던 곳이
다. 이곳 해안 끝자락에는 경관이 뛰어난 "태종대"가 있
는데, 날씨가 좋으면 일본 대마도도 볼 수 있다. 영도에는
신사참배문제로 인한 한국장로교의 첫 분립의 아픔을 보

여 주는 "고신대학교"가 있다.

* 영도대교를 건너 다시 부산 시내로 나오면 볼거리와 먹거리가 풍부한 부산의 대표적인 재래시장인 "자갈치시장"이 나온다. 1889년 일본이 자국어민들을 보호할 목적으로 부산수산주식회사를 세우면서 알려지기 시작했다. 자갈치시장 건너편에는 문화의 중심이 "남포동"이 있는데, 이곳에는 부산국제영화제(PIFF, Pusan International Film Festival)를 기념하는 광장이 있고, 유명 영화인들의 핸드프린팅을 볼 수 있다.

* 중앙대로를 따라 북쪽으로 걷거나 혹은 지하철 남포역에서 중앙역을 지나 부산역에서 하차하면 부산지역 최초의 교회인 "초량교회"가 있다. 1892년 베어드에 의해 설립된 초량교회에는 초량교회 역사관이 설치되어 있어, 초량교회의 초기 역사와 신사참배에 저항한 신앙인들의 역사가 전시되어 있다.

* 초량교회를 지나 동구 좌천동에 이르면 호주선교부의 소중한 유산들을 만날 수 있다. 이곳에는 교육선교의 열매인 "부산진일신여학교" 교사(校舍), 복음 선교의 열매인 "부산진교회", 의료선교의 열매인 "일신기독병원"이 있다. 부산진일신여학교는 1895년에 설립된 한강 이남지역 최초의

근대여성교육기관으로서 부산지역 삼일운동의 첫 시발지이며, 현재 남아 있는 교사는 부산지역에 현존하는 최고의 서양식 건축물이라는 건축사적, 역사적 가치를 가지고 있는 건물로서 2003년 부산광역시 문화제 제55호로 지정되었다. 1909년 단층양옥으로 지어지고 1931년 근대식 이층양옥으로 증축된 부산진일신여학교 교사는 2010년 6월 23일에는 대한예수교장로회총회(통합)로부터 한국기독교 사적으로 지정되었다. 부산진교회는 초량교회와 함께 부산에서 처음 세워진 대표적인 교회로서, 교회 예배당과 기념관 곳곳에 초기 역사와 관련된 사진자료들이 전시되어 있다. 일신기독병원은 호주 선교사 헬렌(Helen Mackenzie, 1913-2009)과 캐서린 맥켄지(Catherine Mackenzie, 1915-2005)가 한국전쟁 당시인 1952년 부산지역 여성들에게 기독교적 박애정신으로 의술을 베풀던 대표적인 여성병원이다. 두 자매의 아버지인 윌리암 맥켄지(William Mackenzie, 1865-1956)는 부산지역의 한센환자들을 위해 헌신했던 선교사였다. 이곳에는 "맥켄지역사관"이 있어 한국전쟁 당시의 산모들과 어린이들을 위한 의료역사를 생생하게 느낄 수 있다.

부산지역의 개신교 유적지들은 역사성, 접근성, 연계성 측면에서 긍정적으로 평가된다. 이들 유적지들은 부산광역시 중구와 동구에 위치하고 있어 접근성이 좋을 뿐만 아니라, 무엇보다도 부산의 대표적인 문화관광자원들과 함께 어우러져 있는 까닭에 그 연계 탐방이 효율적으로 이루어질 수 있다. 또한 다양한 문화관광자원은 연령층에 제한을 받지 않는 장점을 가지고 있다. 이는 부산지역 개신교 유적지들의 활용에 긍정적인 조건들이 되고 있다. 이러한 장점들에 공신력 있는 역사 자료에 근거한 스토리라인이 덧붙여질 때, 여가 선용은 물론이고, 부산지역 개신교 유적지들은 국내외 기독교인들에게 자긍심을 느낄 수 있는 교육의 장으로 활용될 수 있다.

참 고 문 헌

김경남. "한말 일제하 부산지역 도시형성과 공업구조의 특성," 「지역과 역사」, 223-60.

배재학당역사박물관. "배재학당역사박물관."

부산광역시 중구. "백산기념관."

————. "40계단문화관."

부산박물관. http://museum.busan.kr.

부산근대역사관. http://museum.busan.kr/modern.

부산본부세관 박물관. http://busan.customs.go.kr/index.html.

부산진교회. http://www.busanjin.or.kr.

부산진교회100년사편찬위원회. 『부산진교회 100년사』, 부산: 부산진교회100년사편찬위원회, 1991.

비숍, I. B.. 『조선과 그 이웃 나라들』(*Korea and Her Neighbors*), 서울: 집문당, 2004.

유영식, 이상규, 존 브라운, 탁지일. 『부산의 첫 선교사들』, 서울: 한국장로교출판사, 2007.

이상규. 『부산지방 기독교 전래사』. 서울: 글마당, 2001.

일신기독병원 맥켄지역사관. http://www.ilsin.or.kr/01_hospital/

sub_06.php.

초량교회. http://www.choryang.org.

초량교회100년사편찬위원회. 『초량교회 100년사』, 부산: 초량교
회100년사편찬위원회, 1994.

40계단문화관. http://40stair.bsjunggu.go.kr/main/main.php.

長崎歷史文化博物館, "長崎歷史文化博物館."

Baird, Richard H. *William M. Baird of Korea: A Profile*. Ockland,
CA., 1968.

알렌이 처음 도착한 부산

대부분의 한국교회사 서술에는 첫 상주 선교사 알렌(Horace N. Allen, 1858~1932)이 조선으로 가기 위해 1884년 9월 14일 상해를 떠났다고 기술되어 있다. 하지만 알렌의 일기와 보고서에 따르면, 알렌은 1884년 9월 14일에 이미 조선 부산항에 도착해 있었다.

백낙준(白樂俊, 1895-1985)에서 시작된 이러한 오류는, 해리 로즈(Harry A. Rhodes, 1875-1965)를 비롯한 여러 국내외 교회사가(敎會史家)들에 의해 재인용되면서, 일차 자료에 대한 재확인 없이 정설로 굳어져 왔다. 하지만 알렌 자신의 기록에 따르면, 9월 14일 상해 출항 기록은 사실이 아니다. 9월 14일 알렌은 그의 일기를 조선 부산에서 기록했기 때문이다. 당시 상해에서 부산까지는 배편으로 최소 3일이 소요되었다.

한국선교사(宣敎史)와 교회사(敎會史)의 기원으로 삼고 있는 알렌의 조선 도착 일자가 잘못 기술되어 있다는 것이다. 알렌의

다르게 다가서는 역사

조선 입국과 관련된 역사서술을 바로잡을 필요가 있다.[1]

뉴욕 공립도서관에 보관되어 있는 알렌 문서(*The Horace Newton Allen Manuscript Collection*) 중 알렌의 자필 일기(*The Allen Diary*)에 따르면, 알렌은 9월 14일 상해를 떠난 것이 아니라, 이미 부산에 도착해 있었다.[2] 알렌은 9월 14일자 일기에서 그가 조선을 향해 상해를 떠난 일과 부산에 대한 첫인상을 기록하고 있는데, 백낙준은 알렌 일기의 가장 첫 문장인 상해를 떠났다는 사실 한 줄만 번역 인용하고, 알렌이 부산에 이미 도착했다는 뒷부분의 내용은 인용하지 않은 오류를 범했다. 하지만 1884년 9월 14일이 알렌이 상해를 떠난 날이 아니라 조선에 도착한 날인 것은 알렌의 선교보고서들을 통해서도 재확인할 수 있다.[3]

---

1 이 글은 "알렌의 조선 도착 기록 오류에 관한 연구(「한국 기독교신학논총」, 2013년 86집)"를 편집, 보완한 것이며, 『부산의 첫 선교사들』(서울: 한국장로교출판사, 2007)을 참조했다.

2 Horace N. Allen, 『알렌의 日記』(*The Allen Diary*), 김원모 역(서울: 단국대학교출판부, 1991). 알렌은 자신의 일기에 대해, "본 일기에는 본인이 醫療宣敎師로 中國에 부임했던 당시의 일기가 포함되어 있다. … [그리고] 공식적이고 정치적인 성격을 띤 내용이 많이 포함되어 있다."고 설명한다. Ibid., 19. 알렌은 그 스스로 "나는 22년 동안을 중국과 조선에서 살았다. 조선에서 산 기간의 대부분은 사실상의 외교 관계를 맡았던 시기이다."라고 평가한다. Horace N. Allen, 본 주제에 대한 선행연구는 그동안 이루어지지 않았으며, 여기에 본 연구의 독창성이 있다.

3 Horace N. Allen, 『알렌 의사의 선교·외교편지』, 김인수 역(서울: 쿰란출판사, 2007).

Sept 14/84. Left Shanghai alone for Korea on
S.S. Nanzing. Did not take bromide and
was very sick. Encountered a Typhoon be-
tween Nagasaki and Pusan. but though
many small boats were lost we came
through unharmed.   Pusan is a wholly
Japanese town. but few Coreans to be seen
without going into the country. The Japs
have a pretty. white building as consulate.
The foreigners there. are Mr Lovatt, Commr of
Customs. Capt Posthumous Harbor Master.
Mr Reynolds. Mr Jersey and Mr Craks with
and Italian. assistants. Pusan is connected
with the Northern telegraph co's lines. It has
a good harbor but no lights or conveniences.
Sept 20th arrived in Chemulpoo. This is a
motley place of neat shanties mud huts.
sheds and push earth. The Japanese here
also are in the ascendency and have the
choicest place. they also have a fine
Consulate. a Mr Cropp has just built a
nice little white building to be used
as the American Consulate.   The

1884년 9월 14일자 알렌의 자필 일기(*The Allen Diary*)
출처: 연세대학교 의과대학 박형우 교수 제공

다르게 다가서는 역사

오류의 시작:

취사선택(取捨選擇)은 있었고,

비교 분석(比較分析)은 없었다!

　　　　　　　알렌의 조선 도착 일자에 관한 오류는 백낙준의 예일대학교 박사학위 논문 *The History of Protestant Missions in Korea*(1927)로부터 시작되었다.[4] 백낙준은 알렌의 일기를 인용하면서, 9월 14일자 일기 첫 문장인 "한국으로 가기 위해 상해를 단신으로 떠났다(Left Shanghai alone for Corea)"라는 내용만 인용하고, 나머지 부산 도착에 관한 대부분의 일기 내용은 인용하지 않았던 것이다. 결국 알렌이 9월 14일에 상해를 떠난 것처럼 알려지게 되었다.

　　　　이 청년 의사〔알렌〕는 1884년 9월 14일에 上海에서 發程하여 그달 20일에 濟物浦에 닿았고 이틀 후엔 서울에 들어왔다. 이처럼 최초의 駐韓 長老敎 宣敎師가 이 나라에 入國하였다.[5]

　　알렌의 기록은 9월 14일에 부산항에 도착한 것으로 되어 있

4　한국어판인 『韓國改新敎史: 1832-1910』은 1973년에 발간되었다.

5　백낙준, 『韓國改新敎史: 1832-1910』(서울: 연세대학교 출판부, 1985), 86.

지만, 백낙준은 알렌이 9월 14일에 상해를 떠났다고 기록하고 있다.

한국교회사 연구에서 가장 많이 인용되는 책 중의 하나인 해리 로즈(Harry A. Rhodes)의 저서 *History of the Korea Mission: Presbyterian Church U.S.A., 1884-1934*의 관련 내용을 보면, 로즈도 이러한 백낙준의 기록을 인용한 것을 인용 출처를 통해 확인할 수 있다.[6] 『조선긔독교회략사』(1933) 등 주요한 한국교회사 연구물을 남긴 로즈는, 조선 선교 25주년을 기념해 1934년에 발간된 그의 책에서, 다음과 같이 알렌의 조선 도착을 기록하고 있다.

> 알렌 의사는 9월 14일 상해를 떠나 20일 서울에 도착했다. 그는 의사가 필요했던 외국인들에게 큰 환영을 받았다. 알렌은 미국 공사관 담당 의사로 그리고 후에는 영국, 중국, 일본 공사관들의 담당 의사로 임명되었다.[7]

---

6 해리 로즈는 이러한 사실을 백낙준의 The History of Protestant Missions in Korea 90쪽에서 인용했다고 주를 달았다. Harry A. Rhodes, *History of the Korea Mission: Presbyterian Church U.S.A., 1884-1934* (Seoul: The Presbyterian Church of Korea Department of Education, 1934), 24

7 Harry A. Rhodes, *History of the Korea Mission: Presbyterian Church U.S.A., 1884-1934*, 14.

다르게 다가서는 역사

이후 알렌의 일기를 직접 접하기 어려웠는지 모르겠지만, 백낙준 이후의 교회사가(教會史家)들도 역시 일차 자료에 대한 재확인 없이 백낙준과 해리 로즈의 오류를 계속해서 재인용했다. 다음의 대표적인 한국교회사 서적들에 기록된 알렌의 조선 도착 관련 기록들이다.

> 알렌 의사는 1884년 9월 14일에 상해를 떠나 7일 만인 9월 20일에 지금의 인천인 제물포에 도착하였다. 그리고 22일에는 서울에 도착하여, 한국에 들어온 최초의 주재 선교사가 되었다.[8]

> 알렌은 9월 14일에 상해에서 행선하여 20일에 제물포에 도착하였고, 22일에 서울에 들어오게 되었다. 그는 한국에 상주하는 최초의 개신교 선교사가 되었던 것이다.[9]

『韓國基督教會史』, 『韓國民族教會形成史論』, 『教會와 民族』 등 대표적인 한국교회사들을 저술한 민경배는 알렌의 도착일

---

8 Allen D. Clark, 『한국교회사』(History of Korean Church), 심재원 역(서울: 대한기독교서회, 1950), 39.
9 한국기독교사연구회, 『한국 기독교의 역사 I』(서울: 기독교문사, 1989), 181.

자를 대부분 구체적으로 명시하지 않았다. 단지 알렌, 언더우드, 아펜젤러의 1884년 9월 22일 서울 입경에 관해서만 다음과 같이 기록하고 있다.

> 그가 1884년 9월 22일 서울에 들어와서 영국 및 미국 공사관과 그 이외의 서양 공관의 부속 의사(醫師)의 신분으로 짐을 풀었을 때 그는 자기가 선교사라는 직책과 사실을 당분간 외부에 밝힐 생각을 하지 않았다.[10]

역사는 사실(事實)에 기초해 진실(眞實)을 탐구한다. 취사선택(取捨選擇)은 역사기술에 있어서 가장 피해야 할 위험요소이다. 한국교회사(韓國敎會史)의 첫 장을 장식하는 첫 상주 선교사 알렌에 관한 기록은 반드시 수정되어야 한다. 그 이유는 오늘에 이르기까지 한국선교사(宣敎史)와 교회사(敎會史)가 첫 상주 선교사인 알렌의 조선 도착을 기원으로 삼고 있기 때문이다.

---

10 민경배, 『韓國基督敎會史』(서울: 대한기독교서회, 1982), 150.

다르게 다가서는 역사

오류의 입증:
알렌의 일차 자료들은
조선 도착 일자를
일관되게 기술하고 있다!

알렌은 한국에 오기 전 중국에서 의료선교사로 사역하고 있었다. 알렌은 의료선교사 자격으로 중국으로 가기 위해 1883년 9월 4일 북경호(SS City of Peking, 1874년 건조되어 태평양을 오가던 증기선) 편으로 부인과 함께 미국 샌프란시스코를 떠나 일본 요코하마로 향했다. 알렌은 일본을 거쳐 10월 11일 중국 상해에 도착한다. 그리고 10월 17일부터는 작은 진료소를 열고(dispensary work in a small scale) 중국어를 공부하기 시작했다.[11]

하지만 알렌은 그의 중국 선교에 대해 "중국에서 1년을 지내는 동안, 즐겁고 흥미로운 경험도 많이 했지만, 한편 의료선교 활동에 대해서는 점점 자신감을 잃어 갔다."라고 회고한다. 이 시기에 그는 조선을 잘 알고 있는 서양 의사들을 만나 교제하게 되는데, 이들로부터 의사가 필요한 조선으로 가라는 권유를 받는다.[12]

---

11 Horace N. Allen, 『알렌의 日記』(*The Allen Diary*), 396-397.

12 Horace N. Allen, "Greetings" in the Quarto Centennial Papers Read Before the Korea

알렌은 조선 선교의 필요성에 공감하고, 1884년 6월 8일 미국 선교본부에 조선으로의 선교지 이동을 요청한다. 그리고 마침내 7월 22일 미국장로교 해외선교본부 총무였던 프랭크 엘린우드(Frank Field Ellinwood, 1826-1908)로부터 "상해 중단. 조선(Holt Shanghai, Corea)"이라는 중국에서 조선으로의 선교지 이동을 승인하는 전보를 받은 후, 알렌은 조선으로 가기 위한 준비를 본격적으로 시작한다.[13]

알렌은 적어도 1884년 9월 14일 이전에 조선에 도착한 것이 분명하다. 알렌은 9월 14일자 일기에서 그가 이미 상해를 떠나 조선 부산에 도착했고 부산항 인근 지역도 돌아본 내용을 상세히 기록하고 있기 때문이다. 아래는 알렌의 9월 14일자 자필일기의 내용이다.

> 나는 단신으로 상해를 떠나 난징호(南京, S.S. Nanzing)로 조선을 향해 출항했다. 멀미약 브롬화물을 복용하지 아니해서 나는 뱃멀미를 몹시 앓았다. 長崎와 釜山 중간 해상에서 태풍을 만났다. 많은 小船舶이 태풍에 휩쓸려 流失되었지만,

---

Mission of the Presbyterian Church in the U.S.A., *Annual Report of Chosen Mission of the Presbyterian Church in the U.S.A.* Vol.4(1909.08.27.), 2.

13 Horace N. Allen, 『알렌 의사의 선교·외교편지』, 16 그리고 487.

우리가 탄 난징호는 무사했다. 부산은 완전히 倭色도시이다. 도시 변두리로 가지 않고는 조선사람이라곤 거의 찾아볼 수 없을 정도이다. 일본인은 아주 우아한 백색건물을 영사관으로 사용하고 있었다. 서양 사람으로는 釜山稅關長 로바트(W. N. Lovatt), 港務官 파스튜니우스(Pasthunious), 레이놀즈(Reynolds) 씨, 저지(Jersey) 씨, 크로브스(Crobs) 씨와 그의 이탈리아인 보조원 등이다. 부산은 北路電線(Northern Telegraphic Lines)과 연결되어 있다. 부산은 훌륭한 항구이다. 그러나 전기가 없고 편의 시설이 없었다.[14]

안타깝게도 역사가(歷史家)들은 알렌 일기의 첫 줄만 번역 인용 혹은 재인용함으로써, 알렌이 상해를 9월 14일에 떠난 것으로 알려지게 되었다.

알렌의 1884년 9월 14일 이전 조선 도착에 관한 언급은 또다른 그의 기록에서도 찾을 수 있다. 알렌의 선교보고 편지들에도 알렌이 9월 14일 이전에 상해를 떠난 사실이 일관되게 나타나 있다. 알렌이 미국장로교 해외선교본부에 보낸 10월 1일자 편지에서 알렌은 "조선에 온 지 2주"가 되었으며, "처음 도

---

14 Horace N. Allen, 『알렌의 日記』(The Allen Diary), 22-23.

착한 곳은 (서울에서 48시간가량 떨어진) 조선 남쪽의 일본인 항구인 부산"이라고 분명하게 그의 조선 입국 시기와 경로에 대해서도 밝히고 있다.

당시 외국으로부터 국내로 들어오는 모든 배는 부산에 먼저 기착한 후, 제물포나 원산으로 가야 했는데, 알렌은 조선의 개항장인 부산과 제물포의 모습을 그의 10월 1일자 일기에서 다음과 같이 묘사한다.

제가 조선에 온 지 2주가 되어 박사님이 보시다시피 모든 것을 알려 드릴 만큼 된 것 같습니다. … 우리가 처음 도착한 곳은 조선 남쪽의 일본인 항구인 부산입니다. 그곳에는 지난 200여 년 동안 지속된 일본 무역 거류지가 있다는 것 외에 특별히 흥미 있는 것이 없습니다. 지금은 세 채의 외국식 가옥과 외국 세관 직원들이 있습니다. 제물포는 부산에서 서해안으로 48시간가량 떨어진 조선 항구로 바쁘게 보이는 곳입니다. 많은 일본인, 중국인 그리고 유럽인 몇 명이 황토를 개어 길을 만들고 판잣집을 짓고 있습니다.[15]

---

15 Horace N. Allen, 『알렌 의사의 선교·외교편지』, 17. "박사님"은 알렌 편지의 수신자로서 당시 미국장로교 해외선교본부 총무였던 프랭크 F. 엘린우드이다.

다르게 다가서는 역사

또한 10월 8일자 편지에서도 "상해를 떠나 조선에 온 지 약한 달이 되었다."고 보고한 것을 보면, 알렌이 상해를 떠난 날은 9월 8일 전후인 것을 알 수 있다.

약 한 달 전 상해를 떠나 조선에 왔습니다. 부산과 제물포를 봤는데 선교 사역에 그다지 중요한 것 같지 않습니다. 부산은 일본 도시이고 제물포는 외국인 거주지로 눈에 띕니다. 저는 육로로 하룻길인 서울로 곧장 왔습니다.[16]

부산근대역사관(釜山近代歷史館)에서 발간한 『東行日錄』(『海隱日錄』)에는 1881년부터 1914년까지의 기간 동안 나가사키와 부산항을 오가던 배들에 대한 기록이 남아 있다.[17] 이 기록에 따르면 일본에서 오는 모든 배는 부산을 거쳐 조선 각 지역으로 흩어진 것을 알 수 있다. 또한 상해에서 출발하는 배들이 일본 나가사키를 거쳐 부산으로 들어왔는데, 이는 당시 상해와 일본

---

16 Ibid., 21.

17 민건호, 『東行日錄』·『海隱日錄』, 부산근대역사관총서(부산: 부산근대역사관, 2008, 2009, 2010). 이 책은 총 3권으로 된 부산근대역사관총서로서 신사유람단 일원으로 일본을 방문했던 민건호라는 인물이 1881-1914년 기간 동안 기록한 총 30여 권 분량의 일기이다. 처음에는 『東行日錄』이라고 했으나, 후에는 자신의 호를 따서 『海隱日錄』이라고 했다.

과의 교류가 훨씬 규모가 컸기 때문이었다.[18] 상해에서 나가사키까지는 이틀 이상이 걸렸고, 나가사키에서 부산까지는 꼬박 하루가 걸렸다. 즉 상해에서 부산까지는 최소 3일이 걸렸던 것이다. 만약 여행객들이 당시 관행대로 나가사키에서 일시 체류했다면, 그 소요시간은 더욱 길었을 것이다.

나가사키에서 조선에 이르는 항해는 알렌을 비롯한 선교사들에게 수월한 길이 아니었다. 알렌은 그의 *Things Korean*(1908)에서 일본에서 조선에 이르는 길에 대해 "미국에서 조선으로 여행을 할 경우 숨 막힐 듯한 작은 일본 근해 항로선을 타고 일본에서 조선까지 가야 하는 일은 가장 견디기 어려운 고충이었다."고 회상한다.[19]

나가사키에서 부산에 도착하면, 다시 부산에서 제물포까지 이틀이 소요되었다. 따라서 상해에서 제물포까지는 여행은 쉬지 않고 여행했을 경우 최소한 5일이 걸렸던 것을 알 수 있다. 상해에서 나가사키까지 48시간, 나가사키에서 부산까지 24시간 그리고 부산에서 제물포까지 48시간이 대략 소요되었다.

그렇다면 알렌이 1884년 9월 20일에 배편으로 제물포에 도

---

18 부산본부세관박물관 이용득 관장과의 인터뷰(2012.11.23.)

19 Horace N. Allen, 『알렌의 조선 체류기』(*Things Korean*), 윤후남 역(서울: 예영커뮤니케이션, 1996), 58.

착하기 위해서는 부산을 9월 18일 경에 떠나야만 했고, 기차를 이용했다면 9월 19일에 떠나야만 한다. 그렇다면 알렌은 9월 14일 이전에 부산에 도착한 후, 부산에서 나흘 이상 머물렀을 것으로 추정된다.

1884년 10월 11일, 알렌은 상해에 남겨 두었던 가족들을 데려오기 위해 서울을 떠난다. 10월 28일 다시 서울로 돌아올 때까지의 알렌의 왕복 여정을 보면, 상해에서 제물포까지의 경로와 소요시간이 상세하게 드러나 있다. 이를 통해 알렌의 조선 입국 소요시간과 경로를 추정해 볼 수 있다.

10월 11일: 나는 오늘 가족을 데리러 상해로 가기로 하니 무척 기쁘다. 우리는 난징호를 타고 오늘 출항한다.

10월 14일: 오전 9시에 長岐(나가사키)에 寄港했다. 키친과 함께 투숙했다.

10월 17일: 상해에 도착했다.

10월 20일: 아내 파니, 아기, 중국인 유모와 같이 조선으로 向發했다. 중도 長岐에서 일본인 요리사 와타나비를 月 10달러로 고용했다.

10월 25일: 불유쾌한 항해 끝에 제물포에 도착했다.

10월 27일: 서울로 길을 떠났다. 아내 파니는 한 가마를 탔

고, 중국인 유모 아마와 아기는 다른 가마를 타고 갔다.[20]

위의 기록에 따르면 알렌이 상해에서 나가사키와 부산을 거쳐 제물포로 온 경로를 그대로 왕복한 것을 알 수 있다. 단신으로 처음 조선을 찾았을 때와는 달리, 가족과 함께 올 때에는 나가사키나 부산에 길게 체류하지 않은 것으로 보인다. 제물포에서 부산을 거쳐 나가사키까지 3일, 나가사키에서 1박하고 이틀 뒤에 상해 도착하여 총 6일이 소요되었고, 오는 길은 총 5일이 소요된 것을 알 수 있다.

요약하면 알렌이 부산에 1884년 9월 14일에 도착하기 위해서는 나가사키를 9월 12일 혹은 13일에는 떠났어야 한다. 그리고 만약 알렌이 나가사키에서 곧바로 조선으로 가는 배를 갈아탔다고 하더라도, 알렌이 9월 14일 부산에 도착하기 위해서는 적어도 상해를 9월 10일 경에는 떠났어야만 했다는 결론에 이른다.

만약 알렌이 당시의 일반적인 관행대로 나가사키에서 며칠간 체류했다면, 알렌이 상해를 떠난 날은 9월 10일 이전으로 더욱 앞당겨져야만 한다. 알렌의 9월 14일 상해 출발은, 알렌

---

20 Horace N. Allen, 『알렌의 日記』(*The Allen Diary*), 26-28.

자신의 기록과 당시 일반적인 경로별 소요시간을 고려할 때, 사실이 아닌 것이 분명하다.

오류의 확인:
초기 선교사들의
조선 도착에 관한 기록들도
알렌의 경로와 다르지 않다!

　　　　　　알렌의 조선 입국 경로와 소요시간은, 그와 비슷한 시기에 조선에 온 초기 선교사들의 기록에서도 재확인할 수 있다.[21] 선교사들의 기록에 따르면, 중국으로부터의 육로를 제외하고, 어디서 오든지 모두가 나가사키를 거쳐 한국에 들어왔으며, 부산에 기착한 후 제물포나 원산으로 이동한 것을 알 수 있다.

　선교사들의 부산 체류기간은 제물포행 배편이나 일정에 따라 다양했다. 알렌의 한국 도착 이듬해인 1885년에 조선에 온 언더우드(Horace G. Underwood, 1859-1916)와 아펜젤러(Henry G. Appenzeller, 1858-1902)의 예에서도 이러한 사실을 알 수 있다. 언더우드

21　자세한 논의는 탁지일의 "한국선교 120주년의 기원 문제: 제물포인가, 부산인가?" 「부산장신논총」(2004)을 참조하라.

와 아펜젤러의 경우에는, 1885년 4월 2일 부산에 도착해 하루만 머문 뒤 곧바로 떠나 4월 5일 제물포에 도착한다. 언더우드는 *The Call of Korea*에서 미국과 캐나다로부터 한국으로 오는 길을 다음과 같이 설명한다.

> 밴쿠버, 타코마, 시애틀, 샌프란시스코와 같은 북미의 서부 해안에서 출발하여 태평양을 약 12-18일간 항해하면, 일본 요코하마에 도착하게 된다. 그리고 서쪽으로 계속 수 시간을 항해하면 조선에 이른다.[22]

"서쪽으로 계속 수 시간을 항해" 해서 도착한 곳은 다름 아닌 부산이었다. 또한 언더우드와 함께 온 아펜젤러도 다음과 같이 나가사키에서 서울로 가는 경로를 기록하고 있다. 미국 북감리교 해외선교부에 보낸 1885년 4월 9일자 편지에서 조선으로의 여정을 다음과 같이 적고 있다.

> 〔1885년〕 3월 28일 나가사키에 도착했다. … 우리는 3월 31일 나가사키를 떠나 한국으로 향했다. 가는 도중 조그마

---

22 Horace. G. Underwood, *The Call of Korea* (New York : Young People's Missionary Movement of the United States and Canada, 1908), 15.

다르게 다가서는 역사

한 섬 두 곳에 잠깐 들렸고, 4월 2일 조선 남동해안의 개항 장인 부산에 도착했다. … 9시에 상륙해서 세관장인 W. N. Lovatt 씨를 방문하고, 곧바로 한국의 오랜 마을인 부산으로 3마일 정도 걸어서 들어갔다. … 다음날 우리는 제물포를 향해서 부산을 출발했다. 춥고 비가 내리는 좋지 못한 날씨였다. 이런 날씨가 여행 기간 내내 계속되었기 때문에 배는 느릿느릿 나아갔고 심한 뱃멀미를 오랫동안 해야 했다. 우리는 반도의 남단을 돌아 서쪽 해안을 따라 올라가서 〔4월〕 5일 일요일 정오에 한강 입구로 들어왔고, 오후 3시에 제물포항에 닻을 내렸다.[23]

미국북장로교 선교사로 조선에 1888년에 입국한 다니엘 기포드(Daniel L. Gifford, 1861-1900)도 그의 *Every-Day Life in Korea: A Collection of Studies and Stories*에서 일본에서 부산을 거쳐 제물포와 서울로 가는 길을 다음과 같이 설명한다.

조선을 찾는 방문객 중 거의 모든 사람이 일본 나가사키에

---

23 *The Annual Report of the Missionary Society of the Methodist Episcopal Church*(미감리교 선교회 보고서)에 실린 "Henry G. Appenzeller의 한국 도착 보고," 이만열 역, 「기독교 사상」(1985.04.), 89-90에서 재인용.

서 일본 유센 게이샤 선적의 증기선을 타고 한반도의 남동쪽에 위치한 항구인 부산에 첫 발을 들여 놓는다. 다음 방문객들은 서해안을 따라 계속 거친 파도를 헤치고 반쯤 올라온다.[24]

특히 1894년부터 1897년까지 모두 네 차례에 걸쳐 한국을 방문하여 여행한 비숍(Isabella Bird Bishop, 1931-1904)은 1897년에 출간한 *Korea and Her Neighbors*에서 나가사키에서 부산에 이르는 상세한 여정을 관련 지도들과 함께 제공하고 있다. 지도에 표시된 그녀의 당시 항로에 따르면 일본에서 조선에 이르는 선편은 나가사키에서 출발하여 부산에 기착한 후 제물포, 서울, 평양, 원산으로 이어졌던 것을 보여 준다.[25]

비숍은 일본 나가사키로부터 조선의 부산과 제물포에 이르는 길을 아래와 같이 자세하게 설명한다. 나가사키에서 부산까지 15시간 그리고 부산에서 제물포까지 3일, 다시 제물포에서 서울 마포까지 56마일(90킬로미터)을 갔다고 기록하고 있다.

---

24 Daniel L. Gifford, 『조선의 풍속과 선교』(*Every-Day Life in Korea: A Collection of Studies and Stories*), 심현녀 역(서울: 한국기독교역사연구소, 1995), 10.

25 Isabella B. Bishop, 『조선과 그 이웃 나라들』(*Korea and Her Neighbors*), 신복룡 역(서울: 집문당, 2004), 48-49쪽 사이의 지도(General Map of Korea and Neighbouring Countries: Mrs. Bishop′s Route). 유영식 외, 『부산의 첫 선교사들』, 16.

나가사키(長崎)에서 조선의 남단에 위치한 부산(釜山)까지는 기선으로 15시간이 걸린다. … 1885년 초반 일본 우선(郵船) 회사는 5주마다 블라디보스토크와 부산을 왕래하는 기선 1대와 한 달에 한 번씩 제물포(濟物浦)와 부산을 왕래하는 작은 배를 운행한다. 지금은 크든 작든 간에 부산에 기선이 기착하지 않는 날이 없다. … 황해에 있는 섬들은 거칠고 험상궂고 바위투성이의 갈색이며 사람이 거의 살지 않았다. 단조롭고도 견딜 수 없는 이틀 동안에 더 많은 섬과 흙탕물을 지나고, 수많은 강어귀와 정크선을 지난 다음 3일째가 되는 오후에 우리를 태운 히고마루는 서울의 입구인 제물포에 정박했다. … 섬이 점처럼 늘어서 있는 한강 어귀에 있는 제물포로부터 서울의 강나루인 마포(麻布)까지 56마일은 배편을 이용하여 항해하여 올라갈 수 있다.[26]

알렌과 마찬가지로 한국으로 오는 선교사들과 방문객들은, 육로를 통해 조선으로 오는 경로를 제외하고는, 선박을 이용할 경우에는 일본의 나가사키 그리고 부산과 제물포를 거쳐 서울로 왔던 것이다. 당시 상해에서 제물포로 곧바로 들어오는 배

---

26 Ibid., 33-34, 39, 45.

편은 없었다. 알렌은 나가사키와 부산을 거쳐 제물포에 온 것이다. 따라서 알렌이 부산에 9월 14일 이전에 도착하기 위해서는, 최소한 상해를 9월 10일 경에는 떠났어야만 한다는 결론에 이른다.

오류의 수정:
과거의 역사기술로 인해,
역사적 진실이
묻힐 수는 없다!

한국 교회 역사는 알렌의 조선 도착을 그 기원으로 하고 있다. 한국 교회 25주년, 50주년, 100주년도 이를 기원으로 하여 기념했다. 『朝鮮예수敎長老會史記』는 "예수敎의 由來"라는 항목에서 다음과 같이 한국 교회의 시작을 기록하고 있다.

主後 一八八四年 (甲申) 七月 四日에 韓美條約이 成立되매 自是로 傳道의 門이 始開하야 是年 九月 二十日에 北美合衆國 長老會 宣敎師 安連 夫婦가 京城에 內住하고 翌年 四月에 長老會 宣敎師 元杜尤와 美監理會 宣敎師 亞扁薛羅가 繼

다르게 다가서는 역사

來하고 同年 六月에 醫師 혜론夫婦가 亦來하야 並力宣教함

으로 敎會가 創建하니라[27]

　조선예수교장로회총회의 공식적인 기록도 공식적인 한국

교회의 설립을 알렌의 조선 입국 사건으로 정하고 있음을 보여

주고 있는 것이다.

　미국장로교 한국선교부의 조선선교연례보고서(*Annual Report of*

Chosen Mission of the Presbyterian Church in the U.S.A.)에 따르면, 알렌의 입

국 25년 후인 1909년에 미국장로교 한국선교 25주년 기념대

회가 평양에서 개최되었는데, 알렌은 기념사를 통해 다음과 같

이 그의 조선 입국 경로를 소상히 밝힌다.

　조선 선교 25주년을 기념하기 위해 모인 선교사 여러분…

　저는 조선에 온 첫 선교사라는 사실을 늘 영광스럽게 여겨

　왔습니다. … 저는 상해에서 나가사키와 부산을 경유해 제

　물포로 가는 증기선을 이용해 조선에 왔습니다. … 그리고

　1884년 9월 20일 서울에 도착했습니다.[28]

27　朝鮮예수敎長老會, 『朝鮮예수敎長老會史記』, 7.

28　Horace N. Allen, "Greetings" in the Quarto Centennial Papers Read Before the Korea
　　Mission of the Presbyterian Church in the U.S.A., 2-13. 알렌이 탄 증기선은, 1832년
　　에 설립되어 극동지역에서 무역을 하던 회사인 Jardine, Matheson&Co.가 운영하고

또한 50년 후인 1934년에는 장감(長監)선교사들이 함께 모여 한국선교 희년을 기념하는 행사를 6월 30일부터 7월 3일까지 사흘간 서울에서 개최한다. 특히 한국선교 희년을 기념하여 「코리아미션필드」(The Korea Mission Field) 1934년 8월호와 9월호에는 장감선교사들의 한국선교 50주년 기념 기고문들이 게재되어 있는데, 여기에는 지난 50년 동안의 평신도 교육, 교육사업, 선교 등 다양한 분야들에 대한 선교사들의 회고와 전망이 담겨져 있다.[29]

한국교회 100주년도 알렌의 조선 도착을 기원으로 하여 기념했다. 1984년에는 대한예수교장로회100주년기념대회와 기독교대한감리회100주년기념 남녀선교대회가 개최되었으며, 또한 한국기독교100주년 선교대회가 1984년 8월 15-19일 동안 여의도광장에서 모든 개신교파들이 함께 모여 개최되었다.[30]

이처럼 한국 교회의 선교 역사와 교회 역사는 조선의 첫 상주 선교사 알렌의 조선 도착을 기원으로 하여, 25주년, 50주년,

---

있었다. Ibid., 3.

29 *The Korea Mission Field*(1934.6, 8).

30 한국기독교100주년기념사업협의회, 『한국기독교 100년과 오늘의 한국』(서울: 한국기독교100주년기념사업협의회, 1985) 참조.

100주년 등을 기념해 왔다. 알렌의 조선 도착은 한국교회사의 가장 기념비적인 사건이 되었다. 알렌의 조선 도착 시기와 경로가 정확하게 기록되어야 하는 이유가 여기에 있다.

알렌 자신의 일기와 보고서 등 일차 자료들에 따르면, 알렌이 조선에 도착한 날은 1884년 9월 14일 이전이다. 과거의 역사기술로 인해, 역사적 진실이 묻힐 수는 없다. 2014년 한국선교 130주년을 앞두고, 1884년 9월 14일을 알렌이 상해를 떠난 날로 기록하고 있는 한국교회사 서술은 수정되어야 한다. 1884년 9월 14일, 알렌은 중국의 상해를 떠난 것이 아니라, 이미 조선 부산항에 도착해 있었다.

참고문헌

민건호. 『東行日錄』·『海隱日錄』(1881-1914), 부산근대역사관총
　　서, 부산: 부산근대역사관, 2008, 2009, 2010.

민경배. 『韓國基督敎會史』, 서울: 대한기독교서회, 1982.

백낙준. 『韓國改新敎史: 1832-1910』, 서울: 연세대학교출판부,
　　1985.

유영식 외. 『부산의 첫 선교사들』, 서울: 한국장로교출판사, 2007.

이용득 부산본부세관박물관 관장과의 인터뷰(2012.11.23.).

朝鮮예수敎長老會. 『朝鮮예수敎長老會史記』, 서울: 기독교 역사연
　　구소, 2000.

탁지일. "한국선교 120주년의 기원문제: 제물포인가, 부산인가?"
　　「부산장신논총」(2004).

＿＿＿. 『부산의 첫 선교사들』, 서울: 한국장로교출판사, 2007.

한국기독교100주년기념사업협의회. 『한국기독교 100년과 오늘의
　　한국』, 서울: 한국기독교100주년기념사업협의회, 1985.

한국기독교사연구회. 『한국 기독교의 역사 I』, 서울: 기독교문사,
　　1989.

Allen, Horace N. "Greetings." in the Quarto Centennial Papers

다르게 다가서는 역사

Read Before the Korea Mission of the Presbyterian Church in the U.S.A., *Annual Report of Chosen Mission of the Presbyterian Church in the U.S.A.* Vol.4(1909.8.27.).

_____.『알렌의 日記』(*The Allen Diary*), 김원모 역, 서울: 단국대학교출판부, 1991.

_____.『알렌의 조선 체류기』(*Things Korean*), 윤후남 역, 서울: 예영커뮤니케이션, 1996.

_____.『알렌 의사의 선교·외교편지』, 김인수 역, 서울: 쿰란출판사, 2007.

Appenzeller, Henry. G. "Henry G. Appenzeller의 한국 도착 보고." 이만열 역,「기독교 사상」(1985.04.).

Bishop, Isabella B.『조선과 그 이웃 나라들』(*Korea and Her Neighbors*), 신복룡 역, 서울: 집문당, 2004.

Clark, Allen D.『한국교회사』(*History of Korean Church*), 심재원 역, 서울: 대한기독교서회, 1950.

Gifford, L. Daniel.『조선의 풍속과 선교』(*Every-Day Life in Korea: A Collection of Studies and Stories*), 심현녀 역, 서울: 한국기독교역사연구소, 1995.

The Korea Mission Field(1934.06.08.).

Rhodes, Harry A. *History of the Korea Mission: Presbyterian Church*

U.S.A., 1884-1934. Seoul: The Presbyterian Church of Korea Department of Education, 1934.

Underwood, Horace. G. *The Call of Korea*. New York: Young People's Missionary Movement of the United States and Canada, 1908.

다르게 다가서는 역사

부산에서 시작하는 하디의 부흥 이야기

원산과 평양에서의 부흥은 예기치 못했던 하나님의 선물이었다.[1] 우리 믿음의 선진들이 원했던 것은 오직 하나님의 말씀을 믿고 그 말씀대로 살고자 했던 것이었는데, 성령은 거부할 수 없는 강권적인 회개의 역사를 일으켰고, 이들의 진실한 회개가 교회의 부흥을 가능하게 만들었다. 즉 부흥은 인간 노력의 결과가 아니라 인간의 말씀 사랑과 진실한 회개에 대한 하나님의 응답이었다.

말씀과 회개가 결여된 부흥은 있을 수 없다. 말씀, 회개, 부흥으로 이어지는 부흥운동의 패턴은 신약성경과 교회 역사에서 끊임없이 반복되어 왔으며, 20세기 초 영국, 인도, 미국 등지에서 일어난 부흥운동에서도 어김없이 반복되었다. 1903년 원산에서도, 성경공부를 위해 모였던 이들에게, 절제할 수 없는 강권적이고 공개적인 회개의 역사가 일어나고, 이는 곧 영

---

1 이 글은 "캐나다 교회의 초기 한국선교(「부산장신논총」, 2005)"와 "1907년 대부흥운동과 조선예수교장로회총회의 설립(「부산장신논총」, 2006)"을 편집, 보완한 것이다.

적, 양적 부흥으로 이어진다.

　조선 교회 부흥의 첫 이야기는 함경도 지방을 중심으로 선교했던 캐나다 선교사들로부터 시작된다. 캐나다 선교사들은 조선이라는 지리적 범위를 뛰어넘어, 만주와 시베리아와 일본 등 조선인들이 있는 곳이면 어디든지 가서 헌신적으로 선교했던 믿음의 사람들이었다. 특히 원산에서의 회개운동을 통해 대부흥운동의 주역으로 활동한 하디의 첫 사역지는 부산이었다. 부산에서의 그의 다사다난했던 삶과 고난과 좌절을 이해하지 않고는, 하디의 눈물의 회개를 이해할 수 없다.

한국에 온
캐나다 선교사들

　　　　　한국에 온 최초의 캐나다 출신 선교사인 윌리암 게일(William Scarth Gale 奇一, 1863-1937)은 부산의 첫 상주 선교사였다. 1888년에 토론토대학교 YMCA 파송 선교사로 한국에 온 게일은 그의 은퇴까지 연동교회에서 27년간 초대 목사로 시무했으며(1900-1927), 1908년에는 조선예수교장로회 독노회장으로 선출되었다. 그는 성서공회의 전임번역위원으로 1890년부터 활동하며 1925년에는 성서를 번역했고,

1917년에는 한국음악연구회를 조직하여 찬송가 개편에도 힘을 쓴 다재다능한 선교사였다.

게일의 뒤를 이어 1889년에는 말콤 펜윅(Malcolm C. Fenwick, 1865-1935)이 독립선교사 신분으로 내한했다. 펜윅은 잠시 서울에 머문 후, 바로 황해도 소래로 가서 언어를 배우기 시작했다. 펜윅은 그 스스로 어떠한 교파에 소속되기를 원치 않았으며, 선교에 있어서 교파적 관련성을 그다지 중요하지 않다고 생각했다. 그는 그의 교회 이름과 저서 제목이 왜 『대한기독교회』(The Church of Christ in Corea)인지에 대해, "하나님께서는 나를 어떤 교파와도 관련하지 않고 선교하도록 부르셨고, 그래서 우리는 '대한기독교회'라는 가능한 한 가장 간단한 이름을 선택했다."고 설명하고 있다.[2] 펜윅은 한국의 언어와 관습과 사람들과의 만남을 통해, 외국인 선교사들이 아니라 한국인 목회자들을 통해서 복음이 더욱 효과적으로 전해질 수 있다는 믿음을 갖게 되었고, 처음에는 한국인 목회자들이 설교하는 것은 잘못된 교리를 전달할 수도 있는 위험성이 있음으로 금지해야 한다고 생각했으나, 후에는 한국에서 백인 선교사들이 모두 떠나야 한다고까지 주장하게 되었다. 한국에서 46년간 사역한 펜윅은

---

2 Malcolm C. Fenwick, *The Church of Christ in Corea*(New York: Hodder & Stoughton, 1911), 2-3.

1935년 12월 6일 부흥의 땅 원산에서 잠들었다.

게일의 후배인 하디(Robert A. Hardie 河鯉泳, 1865-1949)는 토론토 대학교 의과대학을 졸업한 후, 1890년 캐나다대학선교회(Canadian College Mission Board) 파송 선교사로 부인 마가렛 마틸다 켈리(Margaret Matilda Kelly, 1862-1946)와 함께 내한했다. 하디 부부는 부산에 머문 후, 8년 동안 원산에서 의료선교사로 사역했다. 1898년 5월에는 감리교(Methodist Episcopal Church, South) 선교부로 소속을 바꿨으며, 1909년 서울로 사역지를 옮긴 후, 1936년 1월 1일 은퇴할 때까지 그곳에 머물렀다. 하디는 1916년 「신학세계」를 창간했고, 1921년부터 1927년까지는 조선예수교서회의 총무로 사역하며 기독교 문서선교에 힘을 쏟았다. 한국에서 46년간 의료 및 복음 선교사로 사역하다 1935년 은퇴한 하디는 1949년 6월 30일 미시건주 랜싱(Lansing)에서 잠들어 하나님 품에 안겼다. 펜윅과 하디는 각각 반세기 가까이 한국에서 선교한 최장수 선교사들이었다.

1893년에는 윌리엄 맥켄지(William J. McKenzie, 1861-1895)가 한국에 도착한다. 캐나다장로회 해외선교위원회 동부지국에 요청한 한국선교를 위한 제안이 거절된 후, 맥켄지는 친구들의 경제적 도움을 얻어 독립선교사의 신분으로 한국에 올 수 있었다. 그는 1893년 10월에 캐나다를 떠나 그해 12월 12일 한국에 도착했고, 펜윅처럼 한국어를 배우기 위한 목적을 갖고 소래로 갔다. 그리고 그곳에서 그는 한국 사람들처럼 입고, 먹고, 살며, 사역하다가 1895년 6월 숨져 그가 사랑하던 한국 사람들에 의해 장사되었다.[3] 맥켄지는 조국 캐나다를 출발한 날로부터 죽음 직전까지, 모든 선교 사역의 내용을 그의 일기에 소상히 기록했는데, 이 일기는 그의 삶과 사역에 깊이 매료된 토론토의 유영식 교수를 통해 『케이프브레튼에서 소래까지』(대한기독교서회, 2002)라는 제목으로 번역되어 소개되었다.

맥켄지가 숨진 후, 한국에 새로운 선교의 장을 열기 위한 논의가 캐나다장로회 안에서 본격화되었다. 1896년 4월 28일 헬리팩스(Halifax)에서 열린 해외선교위원회(Foreign Mission Committee)는 2,259.26달러의 맥켄지 선교사 추모기금이 있는 것을 확인하고, 만약 한국선교를 담당하고 있는 해외선교위원회의 서부

---

3 현지 언어 습득에 대한 중요성은 당시 캐나다장로교회의 선교정책을 통해서 알 수 있다. 선교사들의 현지 적응 문제와 관련하여, 캐나다장로교회의 "해외 선교를 위한 원칙들" 안의 "선교사의 의무"이라는 항목에 따르면, 선교지의 언어를 습득하는 일이 무엇보다도 가장 중요한 선교사들의 의무였음을 보여 준다. 이 소책자는 언어를 습득하는 단계에 관하여 상세하게 기술하고 있는데, 선교사가 선교지에 도착한 날로부터, 그는 현지 언어를 배우는 일에 최선을 다해야 했다. 그리고 도착 1년 후에는, 말하고 쓰는 능력을 평가하기 위한 필기와 구술시험을 봐야 했다. 이 시험의 결과는 선교위원회에 보고되었고, 선교사들은 첫 번째 어학 시험에 성공적으로 합격할 때까지, 실적적인 선교 사역에 참여할 수 없었다. 도착 후 2년 뒤에는, 다시 한 번 언어시험을 봐야 했는데, 이때에도 선교사가 현지 언어를 효과적으로 구사하지 못하면, 그의 선교 사역은 중단되었다. Presbyterian Church in Canada, *Regulations for Foreign Mission Work*(Toronto: Presbyterian Printing and Publishing Company Limited, 1891), 6-8.

다르게 다가서는 역사

지국이 한국선교를 추진할 계획이 있다면 이 추모기금을 양도하기로 결정했다.[4] 그리고 1897년 10월 5일에 열린 캐나다장로회의 매리타임대회(Maritime Synod)에서 한국에서의 새로운 선교의 장을 여는 것을 결의하게 되었고, 이듬해인 1898년 2월 15일에 윌리엄 푸트(William R. Foote, 1869-1930), 로버트 그리얼슨(Robert Grierson, 1868-1965) 그리고 던컨 맥래(Duncan M. MacRae, 1868-1949)를 한국선교사로 임명했다. 윌리엄 푸트와 그 부인인 에디스 푸트(Edith Foote), 로버트 그리얼슨과 그 부인인 리나 그리얼슨(Lena Grierson) 그리고 던컨 맥래는 1898년 한국에 도착했고, 이때로부터 공식적인 캐나다장로회의 한국선교가 시작된다. 이들은 한국선교공의회(Council of Missions in Korea)에 가입한 후, 한반도 동북부 함경도 및 강원도 지방의 선교를 담당하게 된다.

1909년 9월, 감리교 한국선교부는 선교영역을 동해안까지 확장하기로 결정하고, 이후 9년 동안 함흥, 성진, 회령, 용정, 원산, 철원, 통천, 양양, 주문진, 강릉 등지에서 의료 및 복음 선교 사역을 진행한다.[5] 특히 1925년 캐나다연합교회(United

---

4 Presbyterian Church in Canada, *Minutes of Foreign Mission Committee No. 27*(Halifax, April 28, 1896), 2. 캐나다 교회의 한국선교에 관한 모든 공식 문서, 선교사들의 지원서, 편지들(1895년 5월 1일자 맥켄지 선교사의 편지로부터 현재에 이르기까지)이 토론토대학교 빅토리아대학 내의 캐나다연합교회 문서보관소에 잘 보존되어 있다.

5 남감리회 선교부로 보낸 1928년 4월 16일자 하디의 편지 "from Hardie, Robert A. and Family(United Methodist Archives&History Center, Drew University)."

Church of Canada)가 성립된 후, 캐나다장로회에 계속 소속되기로 결정한 선교사들은 스스로 재일조선인 선교를 위해 일본으로 이동한다.

캐나다 선교사들은 복음전도에 있어서 지리적인 제한을 받지 않았다. 다른 선교부들이 선교구역을 나누고 자신들의 선교구역에만 집중하는 동안, 캐나다 선교사들은 함경도와 강원도는 물론이고 일제강점기 조국을 떠나 타향살이를 하던 만주, 시베리아, 일본 등 조선인들이 있는 곳이면 어디든지 따라가 조선인 선교 사역을 감당했다. 한국인들을 위한 이들의 헌신적인 사역은 1985년 시작된 지문날인거부운동을 주도한 것을 통해서도 알 수 있다.

하디와
원산부흥운동

하디의 고난과 좌절을 이해하지 않으면, 원산부흥운동의 이야기를 시작할 수 없다. 토론토대학교 의과대학 출신의 엘리트 청년 의사 로버트 하디는 1890년 조선에 도착한다. 10살 때 부모를 잃고 친척의 손에서 외롭게 자란 하디는 10대부터 줄곧 의사로서의 삶을 동경했고, 선교

다르게 다가서는 역사

지에 의사가 절실하게 필요하다는 사실을 접한 후에는 의료선교사로 헌신하기로 결단한다.[6] 1891년 4월 마침내 하디는 그의 대학 선배 제임스 게일과 동역할 목적으로 게일이 머물고 있었던 부산을 찾는다. 하지만 게일은 이미 부산을 떠난 뒤였다.

게일은 혼자 부산에 있었지만, 하디는 아내 그리고 두 딸(Eva와 Bessie)과 함께 부산에 거주했다. 대부분의 한국교회사 서술들은 원산에서의 부흥운동이 하디의 회개로 촉발되었다고 기술하고 있다. 하지만 하디의 회개 이유가 무엇인지에 대해서는 자세한 정보를 주지 않는다.

하지만 하디 가족의 부산에서 삶을 들여다보면, 원산에서의 그의 회개 이유를 어렴풋이 알 수 있는 단서를 발견하게 된다. 부산에서의 하디의 고난과 좌절이 하디의 회개를 가능하게 만들었던 것이다. 어려서 양친을 잃었지만 그 어려움을 극복하고 꿈꾸던 의료선교사가 된 입지전적인 엘리트 청년 의사 하디에게 조선 정착 초기의 삶과 선교는 실패의 연속이었다.

캐나다 토론토대학교 의과대학을 졸업한 하디는 의료선교사로 한국에 왔다. 그리고 그는 부산에서 1891년 4월부터 이

---

6 남감리회 선교부로 보낸 1928년 4월 16일자 하디의 편지

듬해 11월까지 머물렀다. 하지만 토론토대학교 학생들의 경제적 후원이 끊기자, 부산 해관(海關)에서 외국인들을 돌보는 의사로 일하며 가족의 생계를 책임져야만 했다. 거처는 부산항 건너편에 있는, 전염병에 걸린 외국 선원들을 격리했던 작은 목조건물이었다. 그나마 집은 부산항을 찾는 여러 선교사들의 임시 거처로 늘 붐볐던 까닭에 가족의 사생활이 보장되지 않았다.[7] 부산은 하디에게 고난과 좌절의 장소였다.

1892년 11월, 하디는 부산을 떠나 같은 캐나다 출신의 선교사들인 게일과 펜윅이 있던 원산으로 간다. 그리고 1903년 8월 원산에서 열린 성경공부 및 기도회를 인도하던 중, 하디는 수년간에 걸친 자신의 선교 사역이 제대로 결실도 못 맺은 것을 반성하면서, 선교사로서의 부르심과 사역에 대한 공개적인 회개를 하게 된다. 자신의 선교 사역이 실패한 이유가 조선인들과 동료 선교사들의 몰이해 때문이 아니라 바로 자기 자신의 문제임을 통곡 속에 자복하게 된 것이다. 하디의 회개로 인해 기도회 참가자들은 물론이고 온 교인들이 큰 은혜를 받게 된다. 그리고 원산에서의 신앙 각성과 교회 부흥 운동은 평양으로 확산된다. 이후 하디는 원산과 평양에서의 부흥운동을 촉발

---

7 "Hardie, Robert A. and Family(United Methodist Archives&History Center, Drew University)."

다르게 다가서는 역사

시키고 이끌어 가는 귀한 사명을 짊어지게 된다.

하디의 개인적 좌절과 절망은 원산부흥운동을 통해 한국 교회 전체의 부흥과 기쁨으로 변했다. 하나님께서 하디의 개인적인 고난과 좌절을 우리 겨레 전체의 기쁨과 소망으로 바꾸어 주신 사건이었다. 그의 고난과 좌절의 경험이 1903년 원산부흥운동의 작은 씨앗이 된 것이었다.

하디와
평양대부흥운동

원산에서 조선 신앙인들과 선교사들의 회개와 파송 선교사가 일어났다는 소식이 퍼지게 되자 1906년 8월 평양의 선교사들이 성경공부모임의 인도자로 하디를 초청하게 된다. 그들은 요한일서를 공부하던 중, 그들과 조선 교회에 성령의 세례가 필요하다는 데 공감하고 곧 평양에서 열리는 겨울사경회에 이러한 축복이 있기를 간구하게 되었다. 이 성경공부모임에 참석했던 13세의 셔우드 홀(Sherwood Hall)은 "닥터 하디의 설교는 어린 내 가슴에 큰 파문이 되어 깊이 새겨졌다."고 고백하면서, "닥터 하디는 조선의 방방곡곡에서 하나님의 메시지를 전했다. 1907년 그는 조선에 '대부흥'을 일으켰다. 그 시기에 수천 명의 사람들이 하나님의 왕국으로 들어왔다. '은둔 왕국'의 새 기독교 신자 가운데 한 백인 소년도 있었다. 그가 바로 '나'였다."고 증언하고 있다.[8]

1907년 1월 2일부터 15일까지 평양의 장대현교회에서 열린 대규모 사경회에서 선교사들은 연속적인 정오기도회를 인도하였다. 매일 한 시간에 걸쳐 열린 이 정오기도회에서 선교사들과 수백 명의 조선 신앙인들은 성령의 역사를 간구하였고, 마침내 계속되는 사경회 기간 동안 수많은 사람들이 일어나 죄를 고백하며, 바닥에 쓰러져 주먹으로 바닥을 치며 회개하였다. 선교사들과 조선 신앙인들의 회개와 통곡과 기도는 사경회 기간 내내 끊이지 않았으며, 이러한 영적 각성은 부흥회를 통해 국내뿐만 아니라 중국으로까지 이어지게 되었다.[9] 이러한 평양대부흥운동은 "기성 신자들에게는 영적인 재충전을 그리고 불신자들에게는 말씀을 통해 주님을 발견하는 기회를 제공해 주는 두 가지 역할을 하였다."[10]

선교사들의 복음주의적 열정과 조선 신앙인들의 예수 중심의 종말론적 신앙이 함께 만난 평양에서의 대부흥운동은 말씀,

---

8 서우드 홀, 『닥터 홀의 조선 회상』, 김동열 역(서울: 좋은씨앗, 1984), 232.

9 Ibid., 281-285.

10 박용규, 『한국기독교회사』(서울: 생명의말씀사, 2004), 835.

다르게 다가서는 역사

기도, 회개, 전도의 사경회를 통해 영적각성운동으로 국내외로 이어져 나아갔다. 마치 오순절의 회개 사건이 초대교회 성장의 전환점이 되었던 것처럼, 선교사들과 조선 신앙인의 말씀과 기도를 통한 철저한 회개와 영적 각성 그리고 헌신적인 복음 전도는 조선 교회의 비약적인 성장을 가능하게 하였다. 아래의 표는 대부흥운동 기간 동안의 교회 성장을 잘 보여 주고 있다.[11]

연대	예배당	예배처	세례교인	학습교인	교인 총 수
1905	417	394	11,061	8,431	37,407
1906	584	546	14,353	12,161	56,943
1907	785	687	18,061	19,791	72,968

장로공의회 통계 보고표(1907년 6월 30일)

백만인구령운동과
날연보

　　　　　원산과 평양에서의 대부흥운동은 조선 교회의 백만인구령운동으로 구체화되고 조직화되기에

11　대한예수교장로회노회, 『대한예수교장로회노회회록』.

이른다. 1909년 7월 10명의 선교사들과 5명의 조선 교회의 지도자들은 이듬해에 조선에서 백만 인을 주님께 인도하기로 기도하고 이를 조선선교공의회에 제안하여 결의한 후, 1910년 3월 20일 주일을 백만 인의 영혼을 예수께로 인도하기 위한 기도의 날로 정하였다.[12] 백만인구령운동은 모든 교회와 선교부들이 함께 연합하여 적극적으로 추진하였다. 백만인구령운동을 위한 부흥성가집이 발간되었으며, 로버트 하크네스(Robert Harkness)가 지은 "백만 영혼을 예수께로(A Million Souls for Jesus)"라는 곡이 실려 선교사들과 조선 신앙인들을 통해 불려졌다. 이 기간 동안 거의 모든 교회에서 전도를 위한 집회가 계속 열렸으며, 연례사경회는 점점 수많은 사람들이 참여하기 시작했다.

백만인구령운동에 헌신하는 조선 교회의 헌신은 새벽기도와 "날연보"의 작정으로 나타났다. "각 개인이 자신의 직업상 가장 편리한 때에 인근 비기독교 지역으로 나아가 일정한 기간 동안 보수를 받지 않고 그리스도의 복음을 전하기로 서원했던 것"이 바로 "날연보(collections of days)"였다.[13] 평양대부흥운동의 중심이었던 장대현교회에서 길선주가 인도하는 새벽기도회

---

12 Harry A. Rhodes, *History of the Korea Mission: Presbyterian Church U.S.A., 1884-1934*, 287-288.

13 곽안련, 『한국 교회와 네비우스 선교정책』, 박용규, 김춘섭 역(서울: 대한기독교서회, 1994), 179.

에서 이 날연보가 작정되었으며, 그 후 "모든 조선 교회의 남녀노소는 헌금과 함께 날연보(Days of Service Offerings)를 작정하였다."[14] 조선 신앙인들은 영혼구원을 위해 자신들의 날을 받치는 날연보의 한 예로, 800여 명이 참석한 평양의 사경회에서는 7,500일 그리고 재령에서는 10,000일이 날연보되었다.[15]

날연보(days preaching)를 작정한 사람들은 자비량으로 여러 날 동안 가가호호를 방문하며 복음을 전하였는데 이 문서 전도는 백만인구령운동의 한 특징이었다.[16] 복음서들은 각 일전에 배포되었으며 6개월 동안에 500,000권이 넘는 마가복음서가 배포되었다. 500여 명이 모인 대구에서의 사경회에서 성경 배포를 위해 16,000권이 구입되었으며, 800여 명이 모인 평양에서는 사경회에서는 성경 배포를 위해 26,000권이 구입되어, 그 해에만 모두 700,000권 이상이 배포되었다.[17]

대부흥운동과 백만인구령운동을 통한 한국 교회의 성장 운

14 *The Journals of Mattie Wilcox Noble, 1892-1934*(서울: 한국기독교역사연구소, 2003), 194.

15 L. H. 언더우드, 『언더우드: 한국에 온 첫 선교사』, 이만열 역(서울: 기독교문사, 1990), 280.

16 Harry A. Rhodes, *History of the Korea Mission: Presbyterian Church U.S.A., 1884-1934*, 286-287. 1909년 『찬송가』 267장에 첨가된 이 찬송은 "금년에 백만 명을 구원해 주옵소서. 참 도를 대한에 퍼지게 하옵소서."라고 노래하고 있다. 민경배, 『한국 교회 찬송가사』(서울: 연세대학교 대학출판문화원, 1997), 224.

17 L. H. 언더우드, 『언더우드: 한국에 온 첫 선교사』, 280.

동은 교회와 교파를 초월하여, 상호경쟁적인 방법이 아니라 상호협력적인 차원에서 진행되었다. 그리고 이러한 교파를 초월한 연합과 일치로 인해서 '효과적인 복음전도'와 '영향력 있는 사회 선교'가 진행될 수 있었다.

하지만 이러한 교회의 사회적 영향력 확대는 일제가 조선 교회를 탄압하는 원인을 제공하게 된다. 대부흥운동과 백만인 구령운동을 통한 조선 교회의 순수한 복음전도의 노력이 계속되는 가운데, 조선 신앙인들이 주축이 된 민족저항운동이 국권 피탈기에 연이어 일어나 조선 교회는 일제의 주된 경계대상이 되었다.

이러한 때에 1911년 서북지역의 기독교인들이 중심이 된 소위 105인 사건이 일제에 의해 조작된다. 선교사들의 사주를 받은 조선 개신교인들이 데라우치 총독을 암살하려고 하였다고 조선총독부가 주장했던 이 사건은, 그 공판과정을 통해 20여 명의 선교사들이 언급된 것을 볼 때, 이는 일제가 조선 교회에 대한 선교사들의 지원을 차단하고 조선 교회 내의 민족운동 세력을 제거할 목적으로 치밀하게 계획한 사건인 것을 알 수 있다. 이로 인해 조선 교회는 그 성장을 일시 멈추게 된다.[18]

---

18 "합방을 전후하여 추진된 백만인구령운동을 일제는 곧 '100만 군의 십자가군병'으로 오해하여 순수한 종교운동으로 인정하지 않았다. 따라서 반일적인 구국운동의 차원

다르게 다가서는 역사

일제의 탄압에도 대부흥운동과 백만인구령운동을 통한 효과적인 복음전도와 사회 선교를 목적으로 한 교파를 초월한 협력과 연합활동은 결과적으로 사회의 공신력을 얻고 교회의 영향력을 확대하는 결과를 낳았다. 하지만 분명한 것은, 대부흥운동의 과정 속에서 교파를 초월한 연합선교활동으로 인해 "교회가 사회 변화의 가장 이상적인 동력 유형으로 현존하였지만, 그것은 선교의 한 열매였지, 그 목표는 아니었음이 입증된다."는 사실이었다.[19]

선교 받은 교회에서
선교하는 교회로

이러한 일련의 과정 속에서 조선교회는 지속적인 성장과 효과적 선교를 추진해 나아가기 위한 교회의 내용과 형식의 체계화를 이루어 나아가게 된다. 즉 조

으로 판단한 일제는 105인 사건을 조작하여 이 운동에 참가한 서북지방의 기독교계 학교의 교사와 학생 및 교계 지도급 인사들을 대거 검거하였다. 따라서 백만인구령운동은 기기의 목적을 달성할 수 없었던 것이다. 그 결과 105인 사건 이후 교세는 오히려 전년에 비하여 줄어드는 결과를 낳았다." 실제로 『조선예수교장로회총회록』에 따르면, 1911년에 144,261명이던 교인 총 수는 1912년에는 127,228명으로 보고되고 있다. 한국기독교사연구회, 『한국 기독교의 역사 I』(서울: 기독교문사, 1989), 318-319.

19 Ibid., 152.

선 교회는 대부흥운동을 통한 교회의 성장, 초교파적 연합활동을 통한 사회적 영향력의 확대 그리고 이에 대한 일제의 탄압을 경험하면서, 이러한 경험을 바탕으로 교회 성장과 사회적 영향력을 효과적으로 유지 발전시키기 위해 조선 교회의 조직화 및 체계화를 시도하게 된다. 실제로 부흥의 불길이 전국에 파급되기 시작한 1907년은 한국교회사에 있어서 하나의 중요한 전환점이 되었으며, 이 시기에 조선예수교장로회 독노회가 설립되어, 교회의 내용과 형식에 새로운 변화를 가져오게 된다.

대부흥운동으로 인해 조선 교회의 조직화와 체계화의 필요성이 구체적으로 대두되었던 것은 물론이고, 무엇보다도 민족의 제권리가 피탈당하는 상황에서 조선 교회의 독립을 상징하는 독노회가 조직된 것은 의미 있는 일이었다. 독노회 설립이 가능했던 이유에 대해 이만열은, "국가의 통치권이 해체되어 차례로 탈위당하면서 조직적인 민족 운동이 점차 와해되어 가고 있을 때, 한국장로교는 점차 조직화되었고 신앙, 정치, 행정면에서 독립적인 교회를 모색하는 방향으로 나아갔기 때문"이며 "그리하여 일제가 강점할 무렵이면, 장로교단은 전국의 교회를 아우르는 가장 강력한 조직체가 되었다."고 독노회 설립

의 교회사적 의의를 설명한다.[20]

독노회의 조직과 함께 "대한예수교쟝로회 규측"이 '교회', '예배 절차', '직원', '교회의 치리', '세칙'을 그 세부내용으로 하여 그리고 "대한쟝로교회 신경"이 제출되어 일 년 동안의 시안으로 채택되었고 이듬해에 노회에서 정식으로 채택되었다.

독노회의 설립은 조선 교회의 조직과 질서에 있어서 중요한 변화와 활력을 가져온 것을 부인할 수 없다. 조선 교회에 적합한 교회직제의 정착이 바로 그것이다. 먼저 독노회를 통해 첫 조선인 목사들이 배출되었다. 독노회가 장로회신학교의 첫 졸업생들인 서경조, 한석진, 양전백, 방기창, 길선주, 이기풍, 송인서를 목사로 안수한 것이다.[21] 둘째로, 권찰제도가 정착하였다. 권찰은 10명 단위의 신앙인을 집중적으로 관리하였으며, 주변 이웃에게 영향력을 발휘하였다. 이 제도는 교회의 직분자를 재생산해 내는 중요한 제도이기도 하였다. 조선 교회의 조직화, 체계화 과정에 있어서 권찰제도의 역할에 대해 곽안련은

---

20 이만열, 『한국 기독교 수용사 연구』(서울: 두레시대, 1998), 364.

21 『대한예수교쟝로회로회회록』은 다음과 같이 그 과정을 설명한다.
"회쟝이 신학교 졸업학스 셔경조 방긔챵 리긔풍 길선쥬 송린셔 량뎐빅 한셕진 칠인의 시지홀 강도와 희셕을 십스인 목스로 검사위원을 명ᄒ야 금일 하오 칠시 삼십분에 보고ᄒ라 ᄒ시고 ᄯᅩ흔 칠인의개 문답을 어ᄒ시매 리눌셔 씨는 신학을 뭇고 안이와 씨는 경치를 뭇고 젼위렴 씨는 셩회 스긔를 뭇고 긔일씨는 셩경력력을 무른후에 우종셔 씨가 문답 굿치기를 동의ᄒ야 가로 결명ᄒ다." 『대한예수교쟝로회로회회록』.

다음과 같이 설명한다.

> 10명으로 치밀하게 결속된 이 작은 집단들은 이웃에 대해 강력한 영향력을 발휘할 수 있었다. 그 영향력은 일부 전도 방식보다 더 강력한 경우가 많았다. 그들은 공적 복음 전도 사역을 유지시키는 데서 놀라운 일을 이룩하였다. 이 사람들은 이웃사람들 바로 옆에 그리스도교인으로서의 통상적인 생활을 영위하면서 매일매일, 복음이란 실제적이고 가치 있는 것임을 행동으로 증명해 보이고 있었다. 이 권찰그룹은 부수적인 효과로, 새로운 영수와 장로감을 끊임없이 만들어 내는 하나의 양성소 역할을 하였다.[22]

이는 신약성서가 증언하는 "하나님을 찬미하며 또 온 백성에게 칭송을 받으니 주께서 구원받는 사람을 날마다 더하게 하시니라(행 2:47)."는 초대교회의 모습과 다르지 않았다.

독노회의 설립 이후, 교회의 조직과 직제의 정착과 함께, 지속적인 지역 노회의 조직이 이루어졌다. 1911년에는 전라, 경기충청, 황해노회가 조직되고, 그 이듬해 조선예수교장로회총

---

22 곽안련, 『한국 교회와 네비우스 선교정책』, 179-180.

다르게 다가서는 역사

회 설립 이전에는 함경, 경상, 남평안, 북평안 노회가 조직되었다. 이러한 교회의 조직화와 체계화 그리고 지역 노회의 설립은 조선예수교장로회총회의 설립으로 귀결되게 된다. 1884년 본격적인 조선 선교가 시작된 후 불과 사반세기 만에 이루어진 조선예수교장로회총회 설립을 전후하여 조선 교회는 '선교 받는 교회'로부터 '선교하는 교회'로 전환하게 된다.

1907년 독노회가 설립된 후, 조선장로교회는 그 조직을 더욱 체계화하였고, 5년 뒤에는 도별로 조직된 7개의 대리회(경충대리회, 평북대리회, 평남대리회, 황해대리회, 전라대리회, 경상대리회, 함경대리회)가 세분화 된 지역 노회로 재조직되고, 이 노회들이 하나로 연합하여 조선예수교장로회총회가 설립하게 되었다. 첫 총회장인 언더우드는 7개 대리회를 상징하는 서로 다른 종류의 나무와 삼위를 상징하는 세 띠로 장식된 사회봉으로 회의를 진행하였다.[23]

당시 총독부 교섭위원부는 교회설립자와 관련하여서는 교회 헌법에 준하여 각 노회장이 교회설립자가 되는 것을 인정하고 있었고, 또한 일제의 종교정책 하에서 각 노회가 가졌던 독립적인 위치를 감안할 때, 노회들이 서로 연합하여 이루어 낸

---

23 『예수교쟝로회죠션총회뎨일회의록』.

조선예수교장로교회총회의 설립은 가시적이고 실제적인 조선 장로교회의 연합을 의미하였다.[24] 무엇보다도 전국적인 차원의 조선예수교장로회총회 설립의 가장 중요한 의미는 "1910년 국치를 맞아 민족이 깜깜함과 좌절 속에 빠졌을 때, 한국장로교회는 1912년 총회를 결성함으로써 한민족의 새로운 소망으로 등장"하게 된 것이었다.[25]

민족적 시련기에 조선장로교회는, 영적 각성의 대부흥운동과 백만인구령운동으로부터 총회의 설립에 이르기까지 지속적인 교회의 성장을 멈추지 않았다. 아래의 도표는 대부흥운동으로부터 총회의 설립까지의 조선장로교회의 성장을 보여 주고 있다.[26]

연대	목사/장로	세례교인	학습교인	교인 총 수	예배당/예배처
1907	7/49	18,081	19,789	56,943	691/1,022
1908	7/63	24,239	24,122	72,968	897/1,130
1909	16/108	30,337	30,065	94,578	1,193/1,580
1910	40/133	39,394	33,790	119,273	1,157/1,632
1911	54/159	46,934	35,508	140,470	1,448/1,635
1912	65/225	53,008	26,400	144,260	1,438/2,054

---

24 『조선예수교장로회사기』(하), 45.

25 이만열, 『한국 기독교 수용사 연구』, 364.

26 『예수교장로회대한로회데삼회회록』, 『예수교장로회죠션로회데오회회록』, 곽안련, 『한국 교회와 네비우스 선교정책』, 371-390 참조.

다르게 다가서는 역사

눈여겨 볼 것은, 1884년 본격적인 조선 선교가 시작된 후 불과 사반세기 만에 이루어진 조선예수교장로회총회 설립을 전후하여 조선 교회는 피선교 교회로부터 선교하는 교회로 발돋움하게 되었다는 사실이다. 총회의 설립을 전후하여 조선 교회는 국내는 물론 본격적인 세계 선교의 첫발을 딛게 된다. 제주도에 이기풍 목사를 선교사로 파송하기로 결정하였으며(1907), 제4회 독노회에서는 백만인구령운동을 결의하였다(1910).

또한 국외 선교를 통해 조선의 영적각성운동과 부흥운동의 열매를 주변 이웃나라에 전하기 시작하였다. 일본에 한석진 선교사가 파송되었고(1909), 시베리아에 최관홀 선교사가 파송되었으며(1909), 북간도에 김영제 목사를 선교사로 파송하였다(1910). 또한 일본 유학생들을 위해 임종순 선교사가 파송되었으며(1911), 중국 산동성에 김영훈, 박태로, 사병순 선교사가 파송되었다(1912).

파송된 선교사들에 대한 지속적인 지원을 위해, 『예수교장로회죠선총회뎨일회의록』에 따르면, 총회가 일 년 중의 한 주일을 특별히 택하여 각 교회별로 전도주일로 지키고, 해외 선교를 위해 기도하며, 이를 위해 헌금하기로 가결하고, 또한 "로회를 시작홀 때에 졔쥬에 션교ᄉ를 보님으로 신령한 교회를 셰워 하ᄂᆞ님의 영광을 돌님으로 우리에 깃븜이 츙만호 바이온즉 지금 총회를 시작ᄒᆞᆯ 째에도 외국 젼도를 시작ᄒᆞ디 지라등디에 션교ᄉᆞ를 파숑ᄒᆞ기를 쳥원"한 것을 가결하였다.[27]

멈추지 않는
하디의 꿈

하디의 선교정신은 그의 자녀를 통해 계속 이어진다. 하디에게는 네 명의 딸들이 있었는데, 첫째 딸은 에바(Eva, 1888년생), 둘째 딸은 베시(Bessie, 1891년생) 그리고 양화진에 잠들어 있는 셋째 딸 매리(Marie, 1893년생)와 막내 마가렛(Margaret Joy, 1903년생)이다.[28] 이들 중 서울에서 태어난 둘째 베시는 1913년에 미 감리회 선교부에 해외 선교사 지원을 했는데, 해외 선교사 지원서(application)에서 그녀는, 부모인 하디 부부처럼 해외 선교사는 그녀의 오랜 소망이었으며 장기적인 해외사역을 계획하고 있다고 분명하게 밝히고 있다. 그리고 선교사로 파송되기를 원하는 지역에 대한 질문에 대해 "한국(Korea)"이라고 대답하면서, 그 이유에 대해 묻는 질문에 대해 "한

27 『예수교쟝로회죠선총회뎨일회의록』 "청원서."

28 여러 자료들에 양화진에 묻혀 있는 매리와 마가렛을 큰딸로 알고 있지만, 각각 셋째 와 넷째 딸들이다.

국이 나의 고향이기 때문(Because it is my home)"이라고 답변한다. 그녀의 아버지 하디처럼, 갓난아기로 부모와 함께 부산에서 살아야만 했던 베시에게 한국은 고난과 좌절의 땅이 아니라 고향인 동시에 하나님께서 맡겨 주신 선교지였던 것이다. 베시는 제임스 피셔(James Earnest Fisher) 선교사와 결혼했고, 하디 부부가 걷고 있던 한국선교의 길을 남편과 함께 걷게 된다.[29]

부흥을 꿈꾸는 한국 교회들의 노력이 일회성 이벤트로 끝나지 않기 위해서, 110년 전 원산에서 일어나던 하디의 부흥이야기에 귀를 기울여야 한다. 하디는 우리에게 부흥의 시작은 인위적 인원 동원을 통해서가 아니라, 하나님 말씀에 대한 사랑과 실천 그리고 진실한 회개로부터 출발한다고 증언하고 있다. 부흥은 인간 노력의 결과가 아니라, 말씀 사랑과 회개에 대해 하나님께서 내려 주신 예기치 않았던 은혜의 선물이다. 고난의 십자가 없이 부활의 승리도 존재하지 않는 것처럼, 좌절과 고난의 순간을 무기력하게 지날 수밖에 없었던 하디에게 하나님은 원산에서의 찬란한 부흥의 날을 허락하셨다.

1903년 원산부흥운동의 이야기는 부산에서 시작한다. 하디 가족이 살았던 영도를 생각하면, 높은 하늘 햇살과 구름 아래

---

29 "Hardie, Robert A. and Family(United Methodist Archives&History Center, Drew University)."

서 부산항을 바라보며 정박해 있는 크고 작은 배들의 그림같이 아름다운 모습이 떠오른다. 만약 영도를 찾을 일이 있다면 120년 전 낯선 이국 땅 부산항이 바라다보이는 그곳 작은 보금자리에서 좌절과 고난의 시간을 보내던 하디 부부와 그들의 어린 두 딸의 체취를 느껴보기 바란다. 바로 그곳이 원산부흥운동의 첫 이야기가 시작된 곳이기 때문이다.

　　　　　　　　　　　　　　　다르게 다가서는 역사

참 고 문 헌

곽안련.『한국 교회와 네비우스 선교정책』, 박용규, 김춘섭 역, 서
      울: 대한기독교서회, 1994.

대한예수교장로회노회.『대한예수교장로회노회회록』.

민경배.『한국 교회 찬송가사』, 연세대학교 대학출판문화원, 1997.

박용규.『한국기독교회사』, 서울: 생명의말씀사, 2004.

셔우드 홀.『닥터 홀의 조선 회상』, 김동열 역, 서울: 좋은씨앗,
      1984.

언더우드, L. H..『언더우드: 한국에 온 첫 선교사』, 이만열 역, 서
      울: 기독교문사, 1990.

『예수교장로회대한로회데삼회회록』.

『예수교장로회죠션로회데오회회록』.

『예수교장로회죠션총회데일회의록』.

유영식 외.『부산의 첫 선교사들』, 서울: 한국장로교출판사, 2007.

이만열.『한국 기독교 수용사 연구』, 서울: 두레시대, 1998.

『조선예수교장로회사기』(하).

한국기독교사연구회.『한국 기독교의 역사 I』, 서울: 기독교문사,
      1989.

Fenwick, Malcolm C. Fenwick, *The Church of Christ in Corea*. New York: Hodder&Stoughton, 1911.

Hardie, Robert A. "Hardie, Robert A. and Family." United Methodist Archives&History Center, Drew University.

Journals of Mattie Wilcox Noble, 1892–1934, 서울: 한국기독교역사연구소, 2003.

Presbyterian Church in Canada. *Minutes of Foreign Mission Committee*, No. 27(Halifax, April 28, 1896).

_____. *Regulations for Foreign Mission Work*. Toronto: Presbyterian Printing and Publishing Company Limited, 1891.

Rhodes, Harry A. *History of the Korea Mission: Presbyterian Church U.S.A., 1884-1934*. Seoul: Chosen Mission Presbyterian Church U.S.A., 1934.

다르게 다가서는 역사

부산을 위해 헌신한 호주 선교사들

호주 빅토리아장로교회(The Presbyterian Church of Victoria)는 1859 년 4월 7일 빅토리아대회(Synod of Victoria), 빅토리아자유장로교 회(Free Presbyterian Church of Victoria), 빅토리아연합장로교회(United Presbyterian Church of Victoria) 등 장로교파들의 연합을 통해 설립되 었다.[1] 그리고 1977년 6월 22일 호주장로교회(Presbyterian Church of Australia) 다수와 호주회중연합(Congregational Union of Australia) 그리 고 대양주감리교회(Methodist Church of Australasia)의 연합을 통해 호 주연합교회가 설립될 때, 이 연합에 참여하지 않은 소수의 장 로교인들이 호주장로교회로 오늘까지 남아 있다.

---

1 이 글은 "호주 빅토리아장로교회와 캐나다장로교회의 초기 한국선교 비교 연구(「부경 교회사 연구」, 2009.09.)"를 편집, 보완한 것이다.

다르게 다가서는 역사

호주 빅토리아장로교회의
선교정책

　　　　　　　　빅토리아장로교회가 설립된 이듬해인 1860년 총회에서 해외선교위원회(Foreign Mission Committee)가 조직된다. 1860-1889년 동안 빅토리아장로교회의 선교 사역은 주로 호주 원주민, 중국 이민자, 뉴헤브리데스 주민들에게 국한되어 있었다. 이상규 교수는 "당시 저들의 선교의 동기는 고전적 의미에서 '이방인에 대한 하나님의 사랑'이었다. 이런 점에서 이 당시 문서를 보면 해외 선교(Foreign Mission)란 말보다는 이교도 선교(Heathen Mission)란 말이 주로 사용된 점은 결코 놀라운 일이 아니다."라고 분석한다.[2]

　빅토리아장로교회 내에서 해외 선교 활동을 주도적으로 이끈 사람은 프랭크 패이튼(Frank Paton, 1870-1938)이었다. 그를 통해 빅토리아장로교회의 해외 선교 정책은 다음과 같은 원칙을 가지고 전개되었다. 첫째, 모든 선교사들은 효율적인 선교 협력을 위해 선교지의 선교협의회(Mission Council)와 선교지부의 감독을 받도록 했다. 둘째, 해외선교위원회가 1909년 5월 확정한 "선교사 정관"에 따르면, 선교사 자격은 안수 받은 목사, 의

2　이상규, "빅토리아장로교회와 해외 선교," 「크리스천 리뷰」(1990.01.), 21.

과대학 졸업생, 의사 면허 소유자, 평신도 사역자들로 제한되었다. 셋째, 무엇보다도 모든 선교사들은 3년 동안 어학훈련을 받아야 했다. 한국인 선생으로부터 한국어를 배우고 어학시험을 통과해야만 했다. 넷째, 모든 교회가 선교에 대한 관심을 갖도록 하는 일에 힘썼다. 1910년 9월 해외선교위원회는 해외선교에 대한 관심을 높이기 위해 『선교기도 띠잇기』(*A Missionary Prayer Cycle*)를 출판했다.[3]

부산을 찾아온
헨리 데이비스

호주 교회의 한국선교는 첫 선교사 헨리 데이비스(Joseph Henry Davies, 1856-1890)의 죽음으로 공식화된다. 헨리 데이비스는 1856년 3월 22일 뉴질랜드에서 태어났다. 한국에 오기 전 데이비스는 국내 선교를 위해 헌신했다. 또한 그는 사립학교(Caulfield Grammar School)를 설립하고 운영했다. 하지만 늘 해외 선교에 대한 열정을 가슴에 품고 있었기에, 주중에는 교육자로, 주말에는 전도자로서의 삶을 살았다.

3 정병준, 『호주장로회 선교사들의 신학사상과 한국선교, 1889-1942』(서울: 한국기독교역사연구소, 2007), 202-205 참조.

헨리 데이비스는 하루 속히 학교 일을 정리하고, 그가 사역했던 인도로 돌아가기를 원했다. 하지만 그가 속한 성공회선교부는 선교사로서의 사역을 시작하기 전 안수받기를 권했고, 데이비스의 선교 열정은 이러한 조건을 충족할 만큼의 마음의 여유가 없었다. 그러던 중 데이비스는 부산 선교를 시도하던 월프(John Richard Wolfe, 1833-1915)가 작성한 조선 선교의 급박한 요청이 담긴 글을 읽고 한국선교사로 자원하게 된다. 1889년 8월 5일 안수를 받은 후, 결국 성공회 파송이 아닌 빅토리아청년연합회의 후원 보증과 함께 빅토리아장로교회의 파송을 받아 한국에 오게 된다. 같은 해 8월 17일 멜본(Scot's Church)에서 그의 동생 메리와 함께 한국선교사로 파송 받고, 마침내 8월 21일 조선을 향해 그의 조국 호주를 떠나게 된다.

데이비스가 조선을 향하는 배 안에서 행한 설교를 보면, 그가 선교를 의무감이 아니라 자발적 헌신으로 해 나아가기를 간절히 원하고 있었음을 알 수 있다.[4] 1889년 10월 1일에 데이비스는 나가사키에서 배를 갈아탔고, 이튿날 그는 한국에서의 처음과 마지막 장소가 된 부산에 도착했다. 데이비스는 부산 왜관을 살펴본 후, 오후에 배를 타고 부산을 떠났다. 그는 1889

---

4 유영식 외, 『부산의 첫 선교사들』(서울: 한국장로교출판사, 2007), 203-204.

4 부산을 위해 헌신한 호주 선교사들

년 10월 4일 제물포에 도착했고, 10월 5일 오전 8시에 말을 타고 제물포를 출발하여, 오후 4시 경에 서울에 도착하였다.

서울에 도착한 데이비스는 선교 협력을 위해 선교사 20여 명을 만났다. 이후 선교정책에 따라 반 년 동안 한국어 개인교습을 받는다. 그리고 주말에는 동료 선교사들이나 한국인 조사들과 함께 서울 인근 지역을 방문했다. 얼마 지나지 않아 데이비스는 한국어로 전도를 할 수 있을 만큼 충분히 한국어를 구사하게 되었다. 그리고 또한 다른 교파 선교사들과의 선교사공의회에 적극적으로 참여했으며 공의회 서기로도 일했다.

호주를 떠날 때부터 부산 선교에 관심을 가졌던 데이비스는 부산의 첫 상주 선교사인 제임스 게일(James S. Gale, 1863-1936)에게 연락한 후, 1890년 3월 14일 도보로 부산을 향해 출발한다. 그는 수원, 공주, 남원, 하동, 사천을 거쳐 부산에 도착한다. 하지만 무리한 도보여행으로 인해 건강을 잃고, 서울을 떠난 지 약 3주 뒤인 4월 4일 부산에 도착했지만, 다음날인 4월 5일 하나님의 부르심을 받는다. 데이비스는 부산 복병산 기슭에 묻힌다. 후에 세워진 비석에는 "사는 것이 그리스도니 죽는 것도 유익함이니라(To Live, Christ; To Die Gain)(빌 1:21)"고 새겨졌다. 안타까운 사실은 당시 천연두에 대한 예방접종을 멜본에서 할 수 있었지만, 데이비스는 하루 속히 한국에 가기 위해 예방접종을 하지 않았던 것이 그의 죽음의 직접적인 원인이 되었다.

데이비스에 대해 언더우드는 "열정적이고 뛰어난 재능을 지닌 거룩한 사람이었으며, 한국에 온 가장 훌륭한 선교사들 가운데 한 사람"이라고 평가했다.[5] 그리고 그의 죽음에 대해 빅토리아주장로교회는 다음과 같이 애도했다.

> 본 선교위원회는 한국에 파송한 초대 선교사인 데이비스 목사의 예측하지 못한 사망으로 인하여 우리 교회가 입은 아픔을 기록하고자 한다. 데이비스 목사는 많은 사역에 대한 열정적인 헌신과 학자로서의 능력 또한 언행일치의 아름다운 인품으로 조선에서의 선교 사역을 성공적으로 이끌었다. 우리 주님께서 스데반처럼 데이비스 목사를 일찍 부르시고 영예로운 하늘의 상을 주셨다. 우리가 바라는 것은 그의 죽음을 인하여 여러 신도들이 감동을 받아 성령의 열매를 나타내는데 힘쓰고, 그의 삶을 본받아 우리도 영광스러운 의의 면류관을 쓰게 되기를 바란다.[6]

---

5 "The life of this enthusiastic, highly-gifted and holy man, one of the most invaluable missionaries who ever came to Korea" Horace G. Underwood, *The Call of Korea*(New York: Young People's Missionary Movement of the United States and Canada, 1908), 140.

6 유영식 외, 『부산의 첫 선교사들』, 200에서 재인용.

데이비스의 죽음은 호주 교회로 하여금 한국에 대한 사역을 본격화하고 첫 공식 선교사들을 파송하는 계기가 되었다.

헨리 데이비스의 죽음과
본격적인 선교의 시작

호주 빅토리아장로교회는, 헨리 데이비스의 죽음 이후, 마침내 1891년 10월 여전도회연합회(Presbyterian Women's Missionary Union)는 벨 멘지스(Bell Menzies, 1856-1935), 진 페리(Jean Perry, d.1935), 메리 퍼셋(Mary Fawcett, d.1937)을 그리고 청년연합회(Young Men's Sabbath Morning Fellowship Union)는 제임스 맥카이(James H. Mackay, d.1919) 목사 부부 등 5인을 공식적인 선교사로 파송하게 된다.

이들 5명의 호주 교회의 공식 선교사들은 1891년 9월 5일 호주 시드니를 떠나 10월 12일 부산에 도착한다. 그리고 미국 북장로교 선교사 윌리암 베어드(William Baird, 1862-1931) 부부와 캐나다 선교사 로버트 하디(Robert Hardie, 1865-1949)의 도움으로 본격적인 부산경남지역 선교를 전개하게 된다.

이들의 헌신적인 사역으로 인해 불교의 땅 부산경남지역에서 복음의 씨앗이 뿌려지는 소중한 계기가 되었다. 죽음을 앞

다르게 다가서는 역사

둔 호주 선교사 헨리 데이비스와 이를 마음 아프게 지켜봐야
했던 캐나다 선교사 제임스 게일의 기도와 증언이 오늘을 사는
부산경남지역 신앙인들의 신앙고백이 되었다.

저는 늦도록 데이비스 선교사 곁을 지켰습니다. 그는 말할
힘도 없을 정도로 무척 지쳐 보였습니다. 데이비스 선교사
와 저는, 우리가 건강하든지 아프든지 간에, 살든지 죽든지
간에, 오직 주님의 영광을 위해서만 살 수 있도록 해 달라고
구세주께 간절히 기도했습니다. 하지만 결국 오늘 오전 부
산항이 내려다보이는 산기슭에 있는 외국인 묘역에 데이비
스 선교사는 묻혔습니다. 우리 주 구세주 예수 그리스도가
이 세상에 다시 오실 때까지 데이비스 선교사는 여기에 잠
들어 있을 것입니다.[7]

헨리 데이비스의
뒤를 따르는 사람들

2003년 부산장신대학교 개교 50

---

[7] 유영식 외, 『부산의 첫 선교사들』, 229-232.

주년 희년 행사를 준비하던 중, 1961년 7월에 발간된 「소명」(召命)이라는 제호의 교지(校誌)를 발견했다. 그리고 교지에 게재된 "교수강사일람표(敎授講師一覽表)"에서 서두화(Alan Stuart)라는 호주 선교사님이 주경신학(註經神學)을 강의했다는 기록을 발견했다. 궁금한 마음에 호주연합교회에 이메일로 문의하니, 변조은(John Brown) 선교사를 연결시켜 주었고, 변 선교사를 통해 서두화 선교사의 이메일 주소를 얻게 되었다.

변조은 선교사님와 서두화 선교사는 모두 개교 50주년을 기념하는 행사 초청에 흔쾌히 응해 주셨다. 하지만 행사를 얼마 앞두고 보내온 이메일에서 서 선교사는 병원 치료 중이신 아내 문의덕(Rita Stuart, 1923~2012) 선교사를 돌보시기 위해 행사에 올 수 없다고 정중히 알려오셨다. 아쉬움이 컸다.

행사에는 변조은 선교사만 참석하셨다. 기념 강좌와 행사를 하는 동안 변 선교사를 가까이서 뵐 수 있는 기회를 가졌다. 인상적인 것은 음식을 드실 때 밥은 물론이고 거의 모든 반찬을 남김없이 드시는 모습이었다. 그 이유를 물으니, 예전 거제, 통영, 마산 등지로 순회선교를 할 때 한국인 교우들이 대접하는 음식이 고마워 남김없이 드셨는데, 그때로부터 습관이 되신 것이라고 말씀하셨다. 변 선교사의 성품을 알 수 있었다.

2012년 9월, 변 선교사가 다시 부산장신대학교를 방문했을 때 호주 선교와 관련된 중요한 자료를 기증해 주셨다. 1909년부터 1934년까지의 호주 교회의 한국선교를 소상히 알 수 있는 귀한 자료인 *Extracts from the Records of the Australian Presbyterian Mission in Korea*(Fusanchin, Korea: Australian Presbyterian Mission's Secretary's Office) 원본이었다.

2013년 3월에는 서두화 선교사가 한국을 방문했는데, 몇몇 지인들을 만나시기 위해 비공식적으로 온 것이었다. 늘 뵐 때마다 서 선교사의 따뜻한 미소와 유머감각에 감탄하곤 한다. 이날 서 선교사는 11쪽 분량의 손수 만든 자료를 하나 건네주셨다. 서 선교사 자택에 소장하고 있는 신학도서 300여 권의 저자, 제목, 출판사, 출판년도가 일목요연하게 기록된 자료였다. 나중에 부산장신대학교 도서관에 기증하시겠다고 하셨다. 서 선교사의 따뜻한 배려의 마음에 감동이 되어 가슴이 먹먹한 채 고맙다는 표현조차도 입 밖으로 나오지 않았다.

변조은 선교사는 2003년 필자에게 "호주장로교회 주한 선교회와 장로교 부산신학교와 고등성서학원 관련사(*The Australian Presbyterian Mission and the Pusan Presbyterian Seminary and Higher Bible School*)"라는 제하의 각각 영문과 한글로 기록된 글을 주셨고, 서두화 선교사는 2010년 한국 방문을 마치고 호주로 돌아가신 후에 선교활동에 대한 영문 기록과 함께 귀중한 관련사진을 보내 주셨다.[8] 이 자료들은 헨리 데이비스가 부산에서 하나님의 품에 안긴 후, 그 뒤를 따르는 그리스도의 종들이 어떻게 양육되었는지를 보여 준다.

호주선교회의
부산경남지역 신학교육

한국전쟁이 한창이던 1952년 3월, 1922년부터 한국선교에 깊이 관여해 오던 안다손 선교사가 한국을 다시 찾았고 선교를 재개한다. 이 시기 호주선교회는 노회에 대한 재정지원, 농어촌 미조직교회 순회와 교역자 사례지원 그리고 기독교서회, 성서학원, 신학교육, 교도소 선교, 동래농학기술학원 후원 등을 중심으로 선교를 전개했다.[9]

안다손 선교사의 보고에 따르면, 과부와 고아들을 포함한 피난민 구제가 시급한 과제였다. 그리고 전후의 상황은 열악했지만, 피난민들의 신앙은 날로 뜨거워지고 있었고, 성경학교 (Bible Institutes)와 신학교(Theological Seminary)에도 지원자가 몰리고

---

8 이 글은 서두화 선교사와 변조은 선교사의 글을 정리한 것이며, 사진들과 설명은 서두화 선교사님이 제공해 주었다.

9 John Brown, "The Australian Presbyterian Mission and the Pusan Presbyterian Seminary and Higher Bible School," 7.

다르게 다가서는 역사

있었다.

제2차 세계대전 이후 재정적 어려움을 겪고 있던 호주선교회는 지원확대를 위해 미국북장로회선교부에 인적·물적 지원을 요청했지만 지속적으로 거절되었고, 1956년에 이르러서야 미국북장로회선교부는 성서고등학교(Higher Bible School)에 1,500,000환을 지원해 주었다.[10]

1953년 5월 13일자 보고서에서 안다손 선교사는, 호주선교회의 지원으로 경남노회가 성경학교 건물을 수리했으며, 60명의 학생이 등록했다고 보고했다. 또한 호주 선교사들은 성서고등학교로부터 강의를 요청받기도 했다. 안 선교사는 호주 교회의 구제금 중 일부를 서울 장로회신학교에서 신학 수업 중인 지역 출신 신학생의 장학금으로 지원했다고 보고한다.[11]

하지만 성서고등학교의 운영이 점점 어려워지자, 성서고등학교의 목적과 그 정체성에 대한 문제들이 제기되기 시작했다. 이 과정에서 호주선교부와 경남노회는 성서고등학교가 농어촌교회 전도사 및 평신도 직분자들에게 건전한 성서해석을 가르치며, 어려운 환경에 처한 이들을 위해 교육을 제공할 것을

---

10 Ibid.

11 Ibid., 8. 이와 함께 여 선교사들에 의해 평신도들을 위한 단기훈련과정도 운영되고 있었으며, 성서, 주일학교 교수법, 설교 준비, 찬송가, 기독교 윤리, 장로와 집사의 의무, 교회의 본질과 사명, 성례 등을 교육했다. Ibid., 9-10.

목적으로 해야 한다는 데 의견을 모으게 된다.[12]

경남노회의 지속적인 경제적 지원 요청을 호주선교부가 받아들이기 어려웠다. 실제로 국내 6개 선교부들 중 호주선교부가 가장 미약한 것은 사실이었다. 이러한 상황이 계속되자 1957년 호주 교회 대표단이 한국선교에 대한 전략적인 논의를 하기 위해 방한한다. 특히 미국북장로교회 선교부가 경남지역 선교에 대한 관심을 꾸준히 보이고 있는 상황이었기 때문에, 호주 교회 한국선교의 중단과 철수에 대한 논의도 이루어졌다.[13]

논의를 통해, 호주선교회는 타 선교회들에 비해 미약하기는 하나 첫째, 다수의 선교부들과 동시에 관계를 갖는 것이 한국교회에 유익하다는 점, 둘째, 호주 교회의 신학이 다 타 선교부들과 비교해 상대적으로 유연하다는 점, 셋째, 풍부한 재정을 가진 것보다 열악한 재정 환경이 오히려 한국 교회가 선교 사역의 본질을 발견하는 데 도움이 된다는 점이 호주 교회의 선교가 계속되어야 한다는 이유들로 고려되었다.[14] 1959년 4월 28일자 호주선교회 회의록에 따르면 성서고등학교에는 80명

---

12 Ibid., 11.
13 Ibid., 12.
14 Ibid.

다르게 다가서는 역사

이 등록되어 있었다.

이 시기에 지역 교회 지도자들에 의해 신학교육기관이 세워진다. 1960년 3월 19일 도은배(Fred Turvey, 1926-2002) 선교사의 보고에 따르면, 고려 측 신학교에 대안으로 중앙교회(노진현 목사)에 신학교가 개교했는데, 이후 통합과 합동의 분열 시기에 중앙교회가 합동 측으로 갔고, 통합 측은 장로회부산신학교를 독립 운영하기 시작한 것으로 되어 있다. 동년 4월 18일자 보고서에는 합동 측 중앙교회 신학교에 소속되었던 다수의 신학생들이 장로회부산신학교로 편입한 것을 알 수 있다.[15]

장로회부산신학교의
설립

장로회부산신학교의 전신인 "대한예수교장로회 대한신학교 부산분교"는 1953년 10월 19일에 설립되었다. 1953년 9월 12일 신학교 설립을 위한 발기 모임이 열리고, 노진현, 이수필, 구영기, 김현준, 장승환으로 발기회를 조직된다. 9월 15일에는 신학교 운영을 위한 이사회를 16

---

15 Ibid.

인의 목사와 장로들로 구성하여 신학교의 운영을 담당하게 하였고, 10월 12일에 실행이사회를 설치하여 노진현, 이수필, 구영기, 장승환, 김천규가 신학교의 실무를 담당하게 되었다. 그리고 마침내 1953년 10월 19일, 신학교의 명칭을 "대한예수교장로회 대한신학교 부산분교"로 정하고, 중앙교회, 북성교회, 광복교회를 임시 교사로 정한 후 신학 수업을 시작하였다.

이사장에는 이순경 목사가 그리고 초대 교장에는 중앙교회에서 시무하던 노진현 목사가 취임하였다. 이후 1956년 3월 1일에 신학교를 대한예수교장로회총회의 신학교로 발전시키기로 하고 그 명칭을 "대한예수교장로회 부산신학교"로 변경하게 되었다. 그리고 1956년 3월 5일에 제1회 졸업식을 갖고 3명의 졸업생을 처음으로 배출하게 된다.[16]

하지만 통합과 합동의 분열로 인해 신학교도 둘로 나눠지게 되었고, 통합 측 장로회부산신학교가 분립되어 운영되기 시작했다. 1962년 2월 서두화 선교사는 총회교육부가 지방신학교를 폐쇄하기로 한 결정에 의해 장로회부산신학교를 폐쇄했으며, 모든 자원을 안덕희(Joyce Anderson) 선교사가 강의하고 있던 성서고등학교에 제공하기로 했다고 보고했다.

---

16 장로회부산신학교 교지「소명」창간호(1959.07.07.), 39.

호주 선교본부는 동년 3월 20일자로 서두화 선교사에게 보낸 서신에서, 선교사들이 성서고등학교에서 계속 강의할 것과 노회가 원한다면 신학교가 받던 재정 보조를 성서고등학교로 이관할 것을 허락한다. 서두화 선교사는 1962년 4월 4일 성서고등학교가 무난하게 운영되고 있으며, 신학교에 재학하던 학생들이 편입했고, 향후 4년제 신학교 과정으로 발전할 것 같다고 보고한다.[17]

장로회부산신학교가 신학교육을 재개하려고 했을 때, 김길창 목사가 1962년 설립해 운영하고 있었던 부산신학교와의 관계성 문제가 제기되어 노회는 1962년 9월 13일 총회에 질의한다. 즉 장로교 목사가 초교파 신학교를 운영해도 되는 것인지, 경남노회가 초교파 신학교를 공식 인준해도 되는 것인지, 총회는 장로회부산신학교의 재 설립에 대해 어떻게 생각하고 있는지를 질의했다.

1962년 10월 8일 경남노회는 장로회부산신학교의 운영을 결의하고, 성서고등학교 재학생들 중 신학교 입학자격이 있는 학생들에게는 편입을 허락하고, 그렇지 않을 경우 성서고등학교에서 계속 공부하도록 하며, 신학교와 성서고등학교 사무는

---

17 John Brown, 13-14.

같은 공간에서 동일한 직원이 보도록 했다. 이사회는 11인으로 구성했는데, 경남노회 5인, 마산과 진주노회 각 1인 그리고 재정 후원이 가능한 유지 이사 4인 등으로 구성했다.

1965년 호주장로교 한국선교부는 좌천동 768-1번지의 선교부 소속 토지와 건물을 장로회부산신학교를 위하여 사용하도록 경남노회 유지재단에 이양하기로 다음과 결의하였다.[18] 이 건물은 부산에 남아 있는 가장 오래된 서양식 건축물로서, 호주장로교 한국선교부 여자 전도부에 의해서 1895년 10월 15일에 처음에는 초가집으로 건축되었으나, 1909년 현재의 2층 벽돌 양식으로 증축되었다. 특히 이 건물은 2003년 5월 2일에 부산광역시 기념물 제55호로 지정되었는데, 그 이유는 첫째, 부산지역에 현존하는 유일한 서양식 건축물이며, 둘째, 한강 이남지역 최초의 근대여성교육기관이고, 셋째, 삼일독립운동 당시 만세운동의 진원지였기 때문이었다.

---

18 "768의 1번지를… 그 위에 있는 건물을 포함하여 장노회부산신학교를 위하여 사용하도록 경남노회 유지재단에 이양하기로 가결하다." "호주장로교 한국선교부의 공문."

다르게 다가서는 역사

장로회부산신학교와
성서고등학교

1959년 대한예수교장로회 총회가
통합과 합동으로 분열되자, 선교사들은 양측의 화해를 위해 모든 노회들을 방문해 설득하기로 한다. 각 방문단은 미국연합장로회, 미국남장로회, 호주장로회 선교사 각 1인씩 3명 1조로 구성되었다. 서두화 선교사는 전라도지역 노회 방문단의 일원으로 활동한다.[19]

총회의 분열은 부산지역 신학교육에도 영향을 준다. 서두화 선교사는 교단 분열의 여파와 부산 성서고등학교와 신학교의 관계에 대해 "부산 성서학원과 신학교(Bible Institute and Seminary, Pusan)"라는 제목으로 자세한 기록을 남겼는데, 이를 통해 부산지역 신학교육을 위한 호주선교회의 역할을 소상히 알 수 있다. 이를 요약하면 다음과 같다.

1959년 통합과 합동의 분열까지 신학교는 중앙교회에서 노진현 목사에 의해 운영되고 있었다. 교단 분열로 인해 신학교도 분열되어 이로 인해 노회에서 신학교를 분립해 운영하

---

19 Alan Stuart's personal document, 11.

게 된다. 하지만 1961년의 총회 결정에 따라 신학교를 폐교하기로 하고, 신학교 재학생들은 성서고등학교로 편입시켰다.

이때 김길창 목사가 초교파 신학교를 설립했고, 학생을 모집했는데 50명이 지원했다. 이중 40명이 본 교단 소속이었다. 하지만 초교파 신학교 설립은 노회에 새로운 문제를 야기했다. 논란이 계속되자 1962년 9월 총회는 지방 신학교의 운영을 허가했고, 초교파 신학교에는 간섭할 필요가 없다고 결의한다. 이 결의에 대해 김길창 목사는 총회가 자신의 신학교를 인정한 것으로, 노회는 초교파 신학교는 교단과 무관한 것으로 각각 해석했다.

1962년 10월 노회는 신학교 운영을 위한 이사회를 구성하고, 신학교와 성서고등학교를 한 기관으로 운영하기로 결의한다. 노회원들은 김길창 목사의 신학교가 발전하자, 이는 호주선교부의 미약한 지원 때문이라는 의견을 내놓기도 했다.

특히 노회 내 남북 갈등으로 인해, 이사장과 교감은 경남 출신, 교장과 교수는 이북 출신으로 균형을 맞춰 운영진을 구성했다. 이사회 회계는 경남 출신, 서기는 이북 출신이었다. 현재 신학교가 눈에 띄게 발전하고 있으며, 이는 예전에 무

다르게 다가서는 역사

관심하던 노회원들이 지금은 서로 이사나 교수가 되려고 경쟁하는 것을 보더라도 알 수 있다.

노회의 전적인 지원도 신학교에 큰 힘이 되고 있다. 선교사들이 신학교 총 45시간 강의 중 15시간을 담당했다. 이러한 헌신으로 인해 선교사들의 영향력도 확대되었다. 호주 교회의 지속적인 재정 후원도 중요하다. 강사료를 낮추게 되면, 그만큼 강사의 자질도 낮출 수밖에 없다.

신학교육이 절실히 필요하다. 신학생들 중 25% 정도는 서울로 진학할 것으로 예상된다. 지속적 신학 수업이든 아니면 농어촌 목회를 준비하든지, 성서학, 심리학, 철학, 윤리학, 종교학 등의 교육이 필요하다. 향후 지역의 다른 신학교들보다 장로회부산신학교의 경쟁력이 있다.[20]

서두화 선교사는 위의 내용을 포함한 보고를 마치며, 장로회부산신학교 교사 수리를 위한 지원금 1,000파운드의 사용 허락과 향후 수년 동안 매년 400파운드의 보조금을 요청했고, 선교회는 이 요청을 선교부에 청원하기로 1963년 1월 8일에 결의한다.[21]

---

20 John Brown, 13-14 그리고 Alan Stuart's personal document, 11.

21 Ibid., 18.

이후 부산선교회(Pusan Station)는 장로회부산신학교와 지속적인 관계를 유지해 나가기 시작한다. 1963년 초 선교사 4명이 10과목을 담당하면서 주당 15시간을 강의했다. 1964년에는 야간 신학교가 시작되었는데, 65명이 등록해 신학 수업을 했다. 당시 성서고등학교도 계속 운영되고 있었지만, 선교사들이 관여하지는 않았다. [22]

서두화 선교사와
장로회부산신학교

호주장로교 한국선교부는 장로회 부산신학교로부터 강사 요청을 받은 후, 1960년 8월부터 서두화 선교사가 강의를 시작한다. 동년 9월에 부산으로 이사하기 전까지, 서두화 선교사는 월요일에 마산에서 부산으로 와 금요일에 마산으로 돌아갔다.

1966년 4월 4일에는 서두화 선교사가 교장으로 취임했다. 서두화 선교사는 장로회부산신학교에서의 그의 사역에 대해 다음과 같이 증언한다.

---

22 Ibid., 19.

다르게 다가서는 역사

저는 1960년 8월부터 1968년 12월까지 신학교에 있었습니다. … 저는 강사로 주로 성서학을 가르쳤습니다. 예를 들면, 예수의 삶, 공관복음, 요한복음, 사도행전, 요한계시록, 레위기, 오경, 구약의 역사, 신학방법론, 교회예배 등의 과목이었습니다. 이 시기 동안 저는 당시 경남노회에서 교회관계 일을 보면서도 신학교의 일을 주로 하였습니다. 그리고 1966년부터 약 일 년 동안 교장으로 근무하기도 했습니다. … 그 당시 호주선교부에서 자금을 지원해 주어서 현재부산노회 건물로 사용 중인 좌천동의 2층 건물을 지을 수 있었습니다. … 저는 3년 전 한국을 방문했을 때 [김해의] 새 교사를 방문하였습니다. 제가 한때 몸담았던 신학교의 발전한 모습에 저는 커다란 감동을 받았습니다.[23]

장로회부산신학교에서의 강의는 정말 즐거웠습니다. 저에게도 큰 공부가 되었으며, 정말 의미 있는 시간들이었습니다. 그리고 이따금씩 저의 서툰 한국어를 참고 이해해 준 학생들에게 감사한 마음을 갖습니다. … 제가 만약 신학교에 공헌한 것이 있다면 그것은 아마도 호주 교회의 도움과 선교활동을 통해 얻은 많은 경험을 학생들과 함께 나눈 것이

---

23 서두화 선교사가 필자에게 보낸 이메일(2003.07.29.).

고, 좀 더 나은 강의실과 새 건물을 갖기 위해 노력한 것입니다. 제가 소망하기는, 저로 인해 신학생들이 복음, 특히 구약성서에 대한 이해를 넓혔기를 바랄 뿐입니다.[24]

하지만 경남노회 안의 서로 다른 지역 기반을 가지고 있었던 세력들 간의 갈등으로 인해 서두화 선교사의 사역이 어려움을 겪었다. 이북에서 피난 내려온 목회자들과 현지 목회자들 사이의 남북(南北) 갈등도 있었고, 지역 배경이 다른 이북 목회자들 사이의 북북(北北) 갈등도 있었다. 하지만 이러한 상황에서도 장로회부산신학교의 교육과 운영을 위해 서두화 선교사는 헌신적으로 노력한다.

특히 1966년 말에는 호주 빅토리아주 여선교회가 보내온 2,000달러를 가지고 신학교를 증축했다. 그리고 여선교회는 1967년 7월에 다시 4,400달러와 함께 도서비 1,000달러 그리고 산업선교교육을 위해 1,000달러를 기증했는데, 이 지원금으로 현재 부산노회가 사용 중인 건물을 짓게 된다.[25] 서두화 선교사의 신학교육의 일면을 볼 수 있는 이야기가 1964년 11월 7일자 「기독공보」에 다음과 같이 게재되었다.

---

24 서두화 선교사가 필자에게 보낸 이메일(2003.08.08.).
25 John Brown, 21-22.

일 년 동안 안식년을 마치고 한국으로 지난 9월 17일 돌아와 일하는 호주장로교 서두화 선교사는 평소 신학교에 도서를 비치하여 학생들로 하여금 지적인 수준을 높이려고 하였는데 이번 안식년으로 귀임한 즉시 도서기금으로 60만 원을 바쳤다. 서두화 선교사는 젊음을 한국에서 보내어 주로 농촌 교회를 위하여 바치고 있다. 서 선교사는 장로회부산신학교의 명예교장으로 일하고 있기도 하면서 그는 늘 한국 교회 특히 농촌지도자 양성에 전심전력을 기울이겠다고 말하고 있다.[26]

하지만 노회 내 갈등이 지속되자, 서두화 선교사는 사임을 결심한다. 1968년 6월 7-11일자 선교회 회의록에는 서두화 선교사의 사임을 받기로 한 것이 나타나 있다. 서두화 선교사는 빅토리아주 해외선교본부에서의 사역(Area Officer for the Board of Overseas Missions in the State of Victoria, 1969-1975)을 위해 1968년 12월 9일 한국을 떠났으며, 선교와 목회 관련 사역에 헌신하다가 1991년 7월 31일 은퇴한다.

2010년 5월, 부산장신대학교를 방문한 서두화 선교사는 채

---

26 "서두화 宣敎師가 圖書基金 長老會釜山神學校에 寄贈,"「기독공보」(1664.11.07.).

플 설교를 통해, 그가 한때 사역했던 신학교육기관의 어제와 오늘에 대해 부산경남지역의 다음세대를 이끌어 갈 신학생들에게 다음과 같이 증언했다.

부산장신대학교 신학생들에게 말씀을 전하게 되어서 영광입니다. 정말 오랜만에 부산성경신학교 학생들에게 말씀을 전하게 되었습니다. 1960년대에 성경학교가 부산진에 있었는데 요즘과 비교하면 아주 작은 캠퍼스였습니다. 조그만 이층 건물과 작은 기숙사밖에 없었습니다. 학생들이 몇 명이나 되었는지 기억이 나지 않는데 전임교수도 몇 분 되지 않았습니다. 사실상 도서관이라고 할 만한 것도 없었고 성경책 외에 교과서를 갖고 있는 학생도 불과 몇 명되지 않았습니다. 제가 아는 한 교과서도 변변한 것이 없었고 읽을거리는 강의노트뿐이었습니다. 제가 담당했던 어떤 과목은 제가 가르치지 않았다면 학생들은 사실상 배울 기회가 없었을 것입니다. 제가 교장으로 섬기던 시절을 돌아보면 자랑할 것도 없고 스스로도 만족스럽지 않다는 것을 여러분에게 고백할 수밖에 없었습니다. 제가 맡은 책임을 감당하기에는 그 시절의 저는 너무 젊었고 경험도 부족했습니다. 제가 그일을 다시 할 수 있다면 그때보다는 훨씬 더 잘할 수 있을

다르게 다가서는 역사

것이라는 아쉬움이 남습니다. 하나님께서 너그럽게 관용을 베푸셨고 선생님이나 동료들도 용서하리라고 믿고 있습니다. 신학교가 이렇게 크게 성장한 것을 보면서 감사하지 않을 수 없습니다. 건물이나 시설도 훌륭하고 가르치는 분들이나 교육 내용도 대단히 훌륭하게 되었습니다. 제가 일하던 시절에는 꿈도 꾸지 못하던 일입니다.[27]

서두화 선교사가 "꿈도 꾸지 못하던 일"이 오늘 현실이 되었다. 부산장신대학교는 오늘 부산, 울산, 경남지역 목회와 복음화를 책임지는 신실하고 건실한 신학교육기관이 되었다. 이러한 열매는 서두화 선교사와 같은 헌신적인 호주 선교사님들의 도움으로 인해 가능할 수 있었다. 호주 선교사님들이 씨를 심고, 한국인들과 함께 물을 주고, 하나님께서 자라게 해 주신 것이다.

---

27 서두화 선교사가 부산장신대학교 채플에서 한 설교(2010.05.25.).

참 고 문 헌

"서두화 宣敎師가 圖書基金 長老會釜山神學校에 寄贈,"「기독공
　　보」(1964.11.07.).

유영식, 이상규, 존 브라운, 탁지일.『부산의 첫 선교사들』, 서울:
　　한국장로교출판사, 2007.

이상규. "빅토리아 장로교회와 해외 선교,"「크리스챤 리뷰」
　　(1990.01.).

장로회부산신학교 교지『소명』창간호(1959.07.07.).

정병준.『호주장로회 선교사들의 신학사상과 한국선교, 1889-
　　1942』, 서울: 한국기독교역사연구소, 2007.

"호주장로교 한국선교부의 공문."

Brown, John. "The Australian Presbyterian Mission and the Pusan
　　Presbyterian Seminary and Higher Bible School."

_____. Email to Ji-il Tark(July 29 and August 8, 2003).

_____. 부산장신대학교 채플 설교(2010.05.25.)

The Presbyterian Church of Australia(http://www.presbyteian.org.
　　au).

The Presbyterian Church of Victoria(http://www.pcvic.org.au).

The Uniting Church in Australia(http://www.uca.org.au).

Stuart, Alan's Personal Document.

Underwood, Horace G. *The Call of Korea*. New York: Young Peo-
    ple's Missionary Movement of the United States and Cana-
    da, 1908.

일제하 배교와 순교의 땅 부산

경상도지역 장로교단의 친일 문제는 단지 '과거의 역사'가 아니라 현재도 진행 중인 '미완의 역사'이다. 경상도지역 장로교회 안팎에는 친일 문제를 자유롭게 언급하기 어려운 인간관계와 교파적 긴장이 조성되어 있다. 또한 다른 지역과는 달리 친일 문제로 인해 발생한 교단 분열의 당사자들인 고신, 통합, 합동 교단 소속의 교회들과 그 관련기관들이 이 지역에는 고르게 분포되어 있다. 경남지역에서는 신사참배를 주도하거나 적극적으로 전쟁을 협력했던 친일파들도 많았고, 또한 교회와 민족을 지키기 위해 아낌없이 목숨을 바친 순교자들도 많았다. 배교와 순교의 땅이었던 것이다.[1]

---

1 이 글은 "대통령 소속 친일반민족행위 진상규명위원회"의 연구비 지원으로 작성된 "일제 말기 경상도지역 장로교단의 전시협력활동 연구(「한국기독교신학논총」, 2008)"를 편집, 보완한 것이다.

친일을 주도한
기독교 단체들

경남지역 장로교단의 전시협력활
동은 경남노회의 신사참배 결의로부터 시작되었으며, 그 후 결
성된 "국민정신총동원 조선예수교장로회총회연맹 경남노회지
맹"과 "일본기독교조선장로교단 경남교구회"를 중심으로 이
루어졌다.

일제강점기 말 경남지역을 관할하던 호주선교부는 조선예
수교장로회총회의 신사참배 결의에 대하여 반대하는 입장을
분명히 함으로써, 신사참배를 받아들인 경남노회와 갈등하였
다. 1939년 1월 14일에는 선교회가 끝까지 신사참배를 할 수
없다는 공문을 보냈으며, 이에 대하여 경남노회는 유감을 표한
다.[2] 이러한 갈등은 당시 노회임원들이 "국민정신총동원 조선
예수교장로회총회연맹" 경남노회지맹의 임원들이었다는 사실
을 고려할 때 그 배경을 쉽게 이해할 수 있다.[3]

경남노회는 1940년 2월에 개최된 경남노회 임시회에서, "경
남노회 관하에 와서 선교하는 호주선교회는 과거 40년간 우리

---

2 초량교회100년사편찬위원회, 『초량교회 100년사』(부산: 초량교회100년사편찬위원회, 1994), 180.

3 대한예수교장로회 부산노회, 『부산노회사』(부산: 부산노회사편찬위원회, 2005), 399.

노회와 피차 협조적 정신 하에 순조롭게 지내왔으나 근래는 그 이해와 인식이 상이하여 유감이던 중 작년 1월에 선교회는 정식으로 결의하여 선교회의 방침에 반대되는 기관은 금후 유지, 원조, 협동하지 아니하기로 성명하고 교육 사업으로부터 인퇴하게 된지라."라고 밝히고 경남노회장 심문태 명의로 선교회를 비난하는 통지문을 경남 각 교회에 발송하였다.[4] 밀양지역에서 발굴된 아래의 신사참배 가결관련 문서를 보면 경남노회가 얼마나 적극적으로 신사참배를 주도하였는지 알 수 있다.

> 신사 문제는 전에 여러 가지 우여곡절로 마침내 경남노회 및 전 조선(全鮮)노회의 결의에 의하여 태도를 결정하여 아무런 문제가 없는 바로서 우리들은 제휴하여 일본 국가와 서로 용납되지 않는 논의를 배제하고 더욱이 경남노회의 적극 활동을 본받아 각파를 통합 연계하는 일본적 기독교의 확립을 기하고자 한다.[5]

『제일영도교회100년사』에 기록된 동 교회의 당회록을 보면

---

4 김해교회100년사편찬위원회, 『김해교회 100년사』(경남 김해: 김해교회100년사편찬위원회, 1998), 156-159 참조.

5 박선경, 『밀양지역 기독교 100년사』(경남 밀양: 밀양교회사연구소, 2003), 277에서 인용.

다르게 다가서는 역사

조선예수교장로회총회가 신사참배 결의한 때를 전후로 한 경남지역 개교회의 형편을 짐작할 수 있는데, 당회록은 "경남노회장의 지시에 의거하여 일중전쟁이 화평되게 하기 위해 돌아오는 29일 주일에 기도하고 출정 군인 가족을 위해 연보하기로 가결하다. … 총회의 명령에 의지한 애국 주일 의식을 행하고 그 주일 연보로 5백 원을 보내기로 가결하다."라고 기록하고 있다.[6] 경남노회의 이러한 친일활동은 국민정신총동원 조선예수교장로회총회연맹 경남노회지맹으로의 조직개편을 통해더욱 구체화하게 된다.

1940년의 조선예수교장로회총회 제29회 회록에는 국민정신총동원 조선예수교장로회연맹의 친일 행적이 아래와 같이 기록되어 있다.

> 소화 14년 총회에서 본 연맹을 주도한 후 각 노회와 지방 교회에서 애국 운동에 총동원한 결과 단기일에 놀랠 만하게 그 성과가 되었습니다. 보다도 감사한 것은 복잡한 비상시기를 당하여 우리 장로 교우들이 다른 종교 단체보다 먼저

---

6 제일영도교회 제186회 당회록(1937.10.24.), 제208회 당회록(1940.10.20.) 제일영도교회, 『제일영도교회100년사』(부산: 제일영도교회100년사, 1997), 348-349에서 재인용.

시국을 철저히 인식하고 성의껏 각자의 역량을 다하여 전승, 무운장구 기도, 전사병 위문금, 휼병금, 국방헌금, 전상자 위문, 유족 위문 등을 사적으로 공동 단체적으로 활동한 성적은 이하에 숫자로 표시되었습니다.[7]

국민정신총동원 조선예수교장로회연맹은 본격적인 전시협력활동을 위한 기관지 발간의 필요성을 느끼게 되고 1940년 「장로회보」를 발간한다. 제29회 조선예수교장로회총회회록은, "국민정신총동원총회연맹과 포교관리사무와 종교교육부 사업발전에 대하여 총회 기관지 발행을 절실히 느끼어 관계 각 방면의 양해를 얻어 소화 15년(1940년) 1월 24일에 그 창간호를 비로소 발행하였습니다."라고 「장로회보」 발간을 보고하고 있다.[8] 「장로회보」는 경남지역 장로교단 노회와 개교회의 전시협력활동을 상세히 보여 주는 중요한 자료가 되고 있다.

1940년 3월 20일자 「장로회보」는 국민정신총동원 조선예수교장로회총회연맹 경남노회지맹의 결성에 대해 "국민정신총동원 경남지회지맹 결성식은 소화 15년 2월 12일에 전 회원이 회집하여 결성식을 거행하였다고 하는데, 먼저 전 회원이 기립

---

7   제29회 『조선예수교장로회총회록』, 87.
8   앞의 책, 89.

하여 궁성요배 등의 예식을 거행한 후 개회를 하였다. 이날 피선된 임원진은, 이사장에 심문태, 이사에 김길창, 김만일, 김영환, 평의원에 김석진, 이정심, 이운형, 배문환, 한익동, 서기 서명준 등이었다."라고 보도하고 있다.[9] 또한 경남노회지맹 산하 각 교회별 조직인 애국반의 조직보고가 「장로회보」 21호(소화 15년 6월 12일자)-24호(7월 3일자)에 상세하게 게재되어 있어 각 교회별 전시협력활동을 잘 파악할 수 있다.[10] 이처럼 경남노회 조직을 기반으로 구성된 국민정신총동원 경남노회지맹은 지역 장로교회의 전시협력활동의 중심이 되었다.

　1943년 5월 5일에는 일본기독교조선장로교단이 설립되었고, 그 후 각 지역별로 교구회가 설립되기 시작하였다. 1943년 5월 26일 항서교회에서 열린 제1회 경남교구회 임원회에서 교구장에 김길창 목사, 부교구장에 김동선 목사가 추대되었다.[11] 경남교구회는 부산교구, 진주교구, 마산교구, 거창교구 등으로 나뉘어져 있었다. 경남교구회의 주요 실천사항은 대동아전쟁 협력, 교회의 전시체제화, 징병제 강조, 일본 문화의 적극적 수

9　「장로회보」(소화 15년[1940년] 3월 20일).

10　앞의 신문, 21-24호.

11　부산진교회100년사편찬위원회, 『부산진교회 100년사』(부산: 부산진교회100년사편찬위원회, 1991), 191.

용 등을 포함하였다.[12] 경남지역 교회는 경남교구회를 통해 신사참배와 황국신민교육을 받아야 했고, 소위 대동아전쟁의 목적 완수를 위한 국방헌금을 납부해야만 했다. 이로 인해 경남교구회는 시국강연과 징병제강연회 등을 주도하였다.

한편 1941년 10월 22일에는 최린(崔麟)과 윤치호(尹致昊) 등이 중심이 되어 조선임전보국단(朝鮮臨戰報國團)이 결성되었는데, 이는 "동아공영권 확립의 성업을 위한 황국신민으로서의 본분"을 다하고, "임전체제 하의 결속을 통해 성전 완수 및 성은에 보답"할 것을 목적으로 하였다. 이 친일단체는 주로 군수자재 헌납운동과 군복수리운동을 전개하였는데, 경남지부와 경북지부에는 각각 63명과 69명의 발기인이 있었고, 경남지부의 결성은 김길창 목사가 주도하였다.

친일을 주도한
기독교인들

"국민정신총동원 조선예수교장로

---

12 일본기독교조선교단 경남교구회 임원회의록(1944.12.15.). 거제기독교선교100주년기념사업회, 『거제기독교 100년사』(경남: 거제기독교선교100주년기념사업회, 1999), 293-294에서 재인용.

다르게 다가서는 역사

회총회연맹 경남노회지맹"과 "일본기독교조선장로교단 경남
교구회"에서 주도적으로 활동한 인물들 중, 가장 두드러지는
인물은 항서교회의 김길창(金吉昌) 목사이다. 김길창 목사는 단
지 경남지역뿐만 아니라 1938년 제27차 조선예수교장로회총
회의 부총회장으로서 신사참배를 적극적으로 주도한 인물이
다. 반민족행위특별조사위원회(이하 반민특위)의 "반민특위 취급
자의 친일 경력과 처리 내용"에 따르면, 국민정신총동원 조선
예수교장로회총회연맹 경남노회지맹 임원들 중에는 김길창
목사가 대표적인 친일 경력 대상자로 분류 게재되어 있다.[13]

　김길창 목사는 1892년 경남 고성에서 출생하였다. 1923년
평양신학교를 졸업하고, 이듬해 목사 안수를 받았으며, 조선기
독교연합회 회장(1933-34)을 역임하였다. 일제하 친일 관련으로
1949년 반민특위에 체포되었으나, 3개월 후에 기소유예로 석
방되었다. 그 후 부산 남성여자중고등학교와 동아대학교 설립
에 관계하였으며, 경남노회장, 부산기독교연합회 회장, 한국기
독연합회 회장 등을 역임하였고, 1977년 사망하였다.

　김 목사는 부산 항서교회에서 1933년부터 1969년까지 목사
로 재직하였으며, 1938년 조선예수교장로회총회 부총회장에

13　허종, 『반민특위의 조직과 활동』(서울: 도서출판 선인, 2003), 379-431.

피선되었다. 1938년 조선예수교장로회총회 후 임원을 대표하여 각 노회장들을 인솔하여 평양신사 참배하였는데, 일본의 이세신궁, 강원신궁, 정국신사 등 신궁 참배를 위해 1938년 12월 12일 일본을 방문했다가, 동월 하순에 귀국하였다. 그는 조선예수교장로회총회연맹 결성식에서 "동양의 평화를 확보하고 八紘一宇의 대정신을 세계에 선양함은 皇國不動의 國是이다. 我等은 이에 더욱 더 단결을 공고히 하여 국민정신을 총동원하고 內鮮一體 전능력을 발휘해서 국책수행에 협력하고 또 복음선전 사업을 통하여 장기건설의 목적을 관철할 것을 期함."이라고 선언하였다.[14]

1940년 제29회 총회에서 "총회상치위원회"가 설립되었을 때 부위원장이 되었는데, 1941년 11월 제30회 총회에서 총회장 겸 위원장이었던 곽진근 목사가 행한 1년간의 상치위원회의 활동보고에 따르면 상치위원회의 주요 활동내역은 다음과 같다.

"⑴ 조선 장로교 애국기 상당수를 헌납하기로 작정하고 그 기금을 각 노회가 유아세례와 실종자 수를 제한 교인 수 비

---

14 제28회 『조선예수교장로회총회록』, 16-17.

례로 매 1인당 1원씩 헌금케 했으며, (2) 1941년 8월 14일
에는 임전체제실천성명서(臨戰體制實踐聲名書)를 전 조선 교회
에 발표했고, (3) 1941년 10월에는 전국노회장을 일차 소집
하여 애국기 헌납할 일과 총후 국민의 의무를 일층 더 철저
히 할 일을 지시했다."[15]

또한 김길창 목사는 신사참배예식을 거행한 경남노회 제45
회 노회의 회장이었는데, 『초량교회 100년사』는 제45회 노회
를 묘사하면서 "1941년 12월 17일부터 노회가 개최되었을 때
식순에 앞서 국가의식이 거행되었다. 국가의식이란 일본국가
제창, 궁성요배, 묵도, 황국신민선서 등이었다. … 이 치욕적인
45회 노회는 김길창 목사가 회장, 김만일 목사가 회계를 맡았
다."고 기록하고 있다.[16] 이 밖에도 김길창 목사는 국민정신총
동원 조선예수교장로회총회연맹 경남노회지맹 이사로 활동하
였으며, 일본기독교조선장로교단 경남교구회 교구장으로 활
동하였고, 부산 송도해변 등지에서 목회자들의 신사침례(미소
기바라이)를 주도하였다. 김길창 목사의 친일혐의는 반민특위의

---

15 경북노회100회사편찬위원회, 『경북노회 100회사』(대구: 경북노회100회사편찬위원
    회, 1977), 86-108.
16 초량교회100년사편찬위원회, 『초량교회 100년사』, 189.

5 일제하 배교와 순교의 땅 부산   129

증인신문조서에 잘 나타나 있다.[17]

김길창 목사는 반민특위에서 "일본 기독교조선장로교단 연성국장, 일본기독교조선교단 경남교구장, 황민화운동, 신사참배운동 주도, 조선임전보국단 경남지부 결성 주도, 신사참배 반대자 밀고, 1938년 일본 신궁 참배"등의 혐의로 기소유예 처분을 받았다.[18] 하지만 김길창 목사는 그의 자서전에서 일제 말기의 파란만장한 행적에 대하여 아래와 같이 간단하게 밝히고 있을 뿐이다.

> 이러한 상황 속에서 종교인들은 이들의 건국신인 "아마데라스 오미가미"를 모시는 신사참배와 가정마다 '가미다나'라는 천조대신의 위패를 모시라는 것이다. 따라서 성수주일을 방해하기 위하여 주일이면 보국대에 동원 지시하고 찬송가도 압수하여 황국신민의 사상 고취에 영향을 끼칠 만한 가사는 모조리 검은 잉크로 지워서 되돌려 주는 등 이루 말할 수 없는 탄압이 계속되었다. 이러한 판국에서도 나는 용기를 잃지 않고 계속 교회 발전을 위해 목숨을 내걸고 노력

---

17 친일반민족행위 진상규명위원회. 김길창에 대한 "반민특위자료"를 참조.
18 허종, 『반민특위의 조직과 활동』, 384.

해 왔다.[19]

『항서교회 100년사』는 김길창 목사의 신사참배 주도활동에 대해, "'김길창 목사가 신사 참배를 했으니, 그가 이끄는 항서 교회도 신사 참배를 하였다'는 논리는 '부모가 불신자이면 그 자녀 역시 불신자이다'라고 하는 것과 같은 억지와 다를 것이 없다고 본다." 또한 "일제 말기인 1942년에는 총회와 경남노 회가 해체된 뒤 일제에 의해 급조된 '일본기독교조선교단 경남 교구회'의 교구장으로서 격변하는 역사의 현장에 있었으며, 해 방 후에는 재건된 대한예수교장로회 경남노회의 노회장으로 피선되어 혼란과 분규의 소용돌이를 온몸으로 감당하는 입장 에 놓이기도 하였다."라고 교회의 입장을 밝히고 있다.[20] 하지 만 아쉽게도 1938년 조선예수교장로회총회가 신사참배를 결 의할 당시 부총회장으로서의 김길창 목사의 역할과 그의 신사 참배 주도에 대해서는 언급하고 있지 않다.[21]

이 외에도 많은 기독교 지도자들이 전시협력활동에 주도적 으로 참여하였다. 예를 들면 김영환(신천영환, 新川英煥) 목사는 고

---

19 김길창, 『말씀 따라 한 평생』(부산: 동성출판사, 1971), 97-98.
20 항서교회, 『항서교회 100년사』(부산: 항서교회, 2005), 105.
21 앞의 책, 111-124, 163 참조.

성교회 목사로 재직하면서, 국민정신총동원 조선예수교장로
회총회연맹 경남노회지맹 이사장과 일본기독교조선교단 경남
교구회 진주교구장을 역임하였으며, 1943년 9월 28일 진주 봉
례정교회당에서 "기독교 도덕 예의, 일본 정신과 기독교"를 주
제로 강의 등 친일활동을 하였다.[22]

　통영교회의 목사로 재직하던 이정심(李淨心)은 국민정신총동
원 조선예수교장로회총회연맹 경남노회지맹 평의원을 역임하
였으며, 통영지역 신사참배에 주도적으로 참여하였다.[23] 또한
이 목사는 주도적으로 통영지역 거주 일본군 유가족들을 위로
하였는데, 「부산일보」는, "180도 전향한 통영읍 장로파 야소
교 신도 일동은 진심으로 국민 만세를, 목각(目覺)에 신사참배
는 물론이고 출전 황군의 무운장구(武運長久) 특별기도회를 개최
하였으며, 지난 14일 목사 이정심 씨 외 간부 일동이 본 고등
계 주임 안내로 시내에 있는 강산촌, 광도촌으로 방문하여 전
사 장병 유가족 위로와 감사를 드렸다."라고 보도하고 있다.[24]

　또한 거제 옥포교회 장로이면서 수산사업가였던 진정율(진
산정율, 陣山正律)은 그 재력을 이용하여 적극적인 전시협력을 하

22　거제기독교선교100주년기념사업회, 『거제기독교 100년사』, 284.

23　앞의 책, 286.

24　「부산일보」(1938.11.17.). 앞의 책, 288에서 재인용.

였다. 예를 들면, 1931년 5월 27일 제막식을 가진 거제 송진포 "일본해전연합함대 근거지 기념비" 건립을 위해 150원의 거액을 헌금하였으며, 1939년 4월 26일 거제경찰서 내 지원병후원회(志願兵後援會)가 결성되었을 때 후원회의 부회장으로 선출되기도 하였다. 1939년 9월 28일에는 장승포읍 경방단 부단장으로 선출되었으며, 1941년 5월 18일에는 지역 내 내선일체를 주도하고 친일세력을 공고히 하는 장승포읍회 의원으로 선출되었고 1942년에는 재선에 성공한다. 심지어 진 장로는 그의 자녀를 학병으로 보내기까지 하였다.[25]

이처럼 전시체제하 경상남도지역 장로교단의 전시협력활동은 경남노회의 신사참배 결의를 시작으로 "국민정신총동원 조선예수교장로회총회연맹 경남노회지맹"과 "일본기독교조선장로교단 경남교구회" 그리고 "조선임전보국단 경남지부" 등

---

25 "1944년 1월 23일 진정율은 장승포읍 옥포리 출신 진산도석(陳山道錫, 본명 陳道錫, 연희전문)을 위한 학병환송회(壯行會)에 참석하여 축하해 주었다. 당시 한 신문에 보도된 내용을 보면, 학병 나가는 진 군(陳君)에 대해 "대군(大君)의 위대한 죽음"이라며 칭송하였다. 이날 환송회는 "옥포공립국민학교(현 옥포초등학교)에서 진정율, 진명식(창씨명 陳山命植) 일족들과 학교장, 학생들이 나와 환송대회를 열었다(「부산일보」 1944.01.23.)."라고 한다. 진정율은 자기 자녀들까지 학병에 내보내는 '충성스러움'을 보여 준 것이다. 그때 광고에는 자신과 진명식(장승포읍의원), 진재수(陳在守, 창씨명 陳山在守) 두 형제도 함께 실려 있다. 이 광고는 가족들을 학병에 내보내기 위한 전초전임을 알 수 있다." 전갑생, "진정율, 가족까지 학병 보낸 '매파' 친일파"「오마이뉴스」(2003.07.30.). 해방 후, 진정율 장로는 1947년 국민회 거제군 장승포읍 지부장, 1954년 장승포읍의원과 한국신학대학 초대 재단이사장을 지낸다.

의 친일조직들을 중심으로 조직적으로 이루어졌으며, 특히 일부 장로교회 지도자들의 전시협력활동은 단지 일제의 강압에 의해서만 이루어졌다고 보기 어려울 정도로 적극성을 띄고 있었다.

일제 말기 경상도지역 장로교단의 전시협력활동에 대한 조사 연구를 통해 다음과 같은 결론을 얻을 수 있었다. 첫째, 경남노회, 경북노회, 경안노회, 경동노회 등 경상도지역 4개 장로교노회조직을 기반으로 친일전시협력활동이 주로 이루어졌으며, 둘째, 일제의 전시체제화 정책과 맞물려 이들 노회들은 시기별로 그 명칭과 조직을 다양하게 변경하며 전시협력활동을 지속적으로 전개하였고, 셋째, 경상도지역의 유력한 장로교회의 지도자들이 이들 각 조직에 중복적으로 참여하면서 능동적인 전시협력활동을 하였던 사실을 확인할 수 있었다.

한편 본 연구를 진행하면서, 특히 노회와 개교회의 관련기록들을 비교 분석하는 과정을 거치면서 이들의 사료 인용과 해석에 있어서의 문제점을 발견할 수 있었다. 즉 이들은 각자의 이해관계에 따라 사료를 유리한 방향으로 취사선택(取捨選擇)하여 인용하거나 심지어 관련 역사적 진실을 가감(加減)한 것을 확인할 수 있었던 것이다. 이는 친일 전시협력활동을 하였던 지역 교회들과 그 지도자들로 인한 인간관계의 갈등과 고민이

다르게 다가서는 역사

현재도 완전히 해소되지 않고 지속되고 있다는 사실을 보여 주는 것이라고 할 수 있다.

친일 역사의 재조명이라는 대의를 겸허히 받아들이면서도, 친일 문제와 관련한 동시대의 미완의 역사적 과제들과 씨름해 나아가기 위해서는 연구조사의 정확성, 공신력, 공감대 형성 그리고 미래지향적 배려가 얼마나 필요한지를 절실하게 느끼게 된다.

참고문헌

거제기독교선교100주년기념사업회. 『거제기독교 100년사』, 경남: 거제기독교선교100주년기념사업회, 1999.

김길창. 『말씀 따라 한 평생』, 부산: 동성출판사, 1971.

김승태. 『한국 기독교의 역사적 반성』, 서울: 다산글방, 1994.

김승태 엮음. 『한국 기독교와 신사참배문제』, 서울: 한국기독교역사연구소, 1991.

김승태 편역. 『일제강점기 종교정책사 자료집』. 서울: 한국기독교역사연구소. 1996.

김학민, 정운현 엮음. 『親日派 罪狀記』, 서울: 학민사, 1993.

김해교회100년사편찬위원회. 『김해교회 100년사』, 경남 김해: 김해교회100년사편찬위원회, 1998.

박선경. 『밀양지역 기독교 100년사』, 경남 밀양: 밀양교회사연구소, 2003.

부산노회. 『부산노회 100회사』, 부산: 부산노회, 1975.

부산노회. 『부산노회사』, 부산: 부산노회사편찬위원회, 2005.

부산진교회100년사편찬위원회. 『부산진교회 100년사』, 부산: 부산진교회100년사편찬위원회, 1991.

수안교회역사편찬위원회. 『수안교회 100년의 역사, 1905-2005』,

　　　서울: 한국장로교출판사, 2005.

영남교회사편찬위원회. 『한국영남교회사』, 서울: 양서각, 1987.

「장로회보」. 1940년 1월-1942년 2월.

전갑생. "진정율, 가족까지 학병 보낸 '매파' 친일파." 「오마이뉴스」

　　　(2003.07.30).

제일영도교회. 『제일영도교회100년사』, 부산: 제일영도교회100년

　　　사. 1997.

『조선예수교장로회총회록』. 제28회, 제29회, 제30회.

초량교회100년사편찬위원회. 『초량교회 100년사』, 부산: 초량교

　　　회100년사편찬위원회, 1994.

항서교회. 『항서교회 100년사』, 부산: 항서교회, 2005.

허종. 『반민특위의 조직과 활동』, 서울: 도서출판 선인, 2003.

6

교회 분열의 아픔이 새겨진 부산

지상의 왕국 조선이 몰락해 가던 구한말, 하나님의 왕국은 이 땅에 뿌리내리기 시작했고, 조선의 산하가 압제에 신음하던 일제강점기에 조선의 기독교인들은 그 산하를 "삼천리반도 금수강산"으로 선포하며 하늘나라를 선취한 기쁨으로 살아갔다. 하지만 해방 후 민족이 남북 분단의 아픔을 겪고 있을 때, 한국 장로교회도 교회의 첫 분열을 경험하게 되는데, 고려파의 분립이 그것이다.[1]

해방 후 한국장로교회
재건을 위한 노력

해방 후 한국장로교회의 재건 노력은, 북한지역과 남한의 서울과 부산경남지역에서 추진되었

---

1 이 글은 "한국장로교 고려파 분립과 연합에 대한 전망(「부경교회사 연구」, 2008.09.)"을 편집, 보완한 것이다.

다. 특히 부산경남지역은 재건추진 세력의 남하로 인하여 한국 장로교회 재건의 중심지가 되었고, 이들의 교회 재건 노력은 친일 협력 교회 지도자들의 반발로 인해 교회개혁 운동과 교회 분립으로 이어지게 된다.

해방 후 북한에서의 교회재건운동은 두 갈래로 추진되었다. 한편에서는 평양지역 목회자들을 중심으로 회개와 근신을 통한 교회재건운동이 시작되었고, 다른 한편에서는 소위 출옥 성도(出獄聖徒)들을 중심으로 한 교회재건운동이 시작되었다. 전자에는 신사참배와 친일 협력의 혐의를 가지고 있던 다수의 교역자들이 속해 있었던 반면, 후자에는 신사참배와 친일 협력을 거부하고 옥고를 치른 이들로 구성되었다. 전자는 수적 우세를 가지고 있었고, 후자는 명분을 가지고 있었다. 이들 중 출옥 성도들을 중심으로 한 교회재건운동은 1945년 9월 20일 출옥 성도들이 평양 산정현교회에 모여 교회 재건을 위한 5개항의 기본원칙을 발표한 것으로 본격화되었다.[2]

하지만 교회를 수호하기 위해서 신사참배와 친일 협력이 어

---

2 5개항의 기본원칙은 다음과 같다.
"1. 교회 지도자들은 신사참배를 하였으므로 모두 통회 정화하고 교역에 나설 것. 2. 권징은 자책이나 자숙으로 하고, 목사는 최소 2개월간 통회 자복할 것. 3. 목사와 장로의 휴직 중에는 집사나 평신도가 예배를 인도할 것. 4. 교회 재건 원칙을 전국에 알려 일제히 실행하게 할 것. 5. 교역자 양성을 위한 신학교를 복구 재건할 것." 김양선, 『韓國基督敎解放十年史』(서울: 大韓예수교장로會總會 宗敎敎育部,, 1956), 45-46.

쩔 수 없는 선택이었다고 주장하던 북한지역 목회자들이 이러한 기본원칙을 수용하기란 쉽지 않았다. 그들에게는 신사참배와 친일 협력으로 인해 실추된 지도력을 다시 한 번 공개적으로 인정해야만 하는 쓰라린 과정이었기 때문이었다. 또한 이들의 입장에서는 일제의 강압에 의한 집단적인 과오를 뒤로 하고, 새로운 한국장로교회의 재건을 위해 노력하고 싶은 진정성도 있었을 것이다. 이러한 입장을 대변이라도 하듯, 1945년 11월 14일부터 선천 월곡동교회에서 열린 교역자퇴수회에서, 총회의 신사참배 결의 당시 총회장이었던 홍택기 목사는, 신앙을 지키기 위해 옥중에서 고생한 사람이나 교회를 지키기 위하여 고생한 사람이나 그 고생은 동일하게 평가되어야 한다고 설득력 있는 주장을 펼쳤다.[3] 이러한 주장의 이면에는 친일 협력 교회 지도자들에 대한 단죄보다는, 공산세력에 대항하기 위한 공동전선에 대한 필요성이 있었을 가능성도 있다.[4]

실제로 신사참배에 대한 공적인 회개는 신사참배와 친일 협력 전력이 있는 교회 지도자들에게는 적지 않은 부담일 수밖에 없었다. 이런 까닭에 1945년 12월 평양의 장대현교회에서 결

---

3 Ibid., 46.

4 한국기독교역사연구소 북한교회사집필위원회, 『북한교회사』(서울: 한국기독교역사연구소, 1996), 356.

다르게 다가서는 역사

성된 이북5도 연합노회가 결정한 6개 항의 내용을 보면, 출옥 성도들이 제기한 5개항의 내용보다 교회 지도자들의 공적인 참회에 대한 부분이 상당히 약화되어 있는 것을 볼 수 있다.[5] 이러한 갈등 속에서 북한지역의 교회재건운동은 1946년 2월 7일 북조선임시인민위원회의 성립과 11월 28일 북조선기독교도연맹의 창립과 함께 서서히 중단되었지만, 부산경남지역에서는 신사참배문제를 둘러싼 교회 분열의 조짐이 보이기 시작했다.

북한 교회의 재건운동은 중단되었지만, 남하한 출옥 성도들을 중심으로 한 부산경남지역 재건운동은 오히려 본격화 된다. 부산경남지역에서는 해방 직후부터 재건운동이 시작되었는데, 1945년 9월 2일에는 신앙부흥운동준비위원회가 조직되어 "우리는 과거의 모든 불순한 요소를 청산 배제하고 순복음적 입장에서 교회의 근본 사명을 봉행하려는 의도에서 좌기에 의하여 조선예수교장로회 경남노회를 재건하려는 것이다"라고 교회 재건을 결의하였고, 9월 18일에는 부산진교회에서 경남노

---

5 "1. 이북5도연합회는 남북통일이 완성될 때까지 총회를 대행할 수 있는 잠정적 협의기관으로 한다. 2. 총회의 헌법은 개정 이전의 헌법을 사용하되 남북통일총회가 열릴 때까지 그대로 둔다. 3. 전 교회는 신사참배의 죄과를 통회하고 교직자는 2개월간 근신할 것. 4. 신학교는 연합노회 직영으로 한다. 5. 조국의 기독교화를 목표로 독립기념전도회를 조직하여 전도교회 운동을 대대적으로 전개한다. 6. 북한 교회를 대표한 사절단을 파송하여 연합국 사령관에게 감사의 뜻을 전하기로 한다." Ibid., 47-48.

회가 재건되는데, 이는 남한에서의 첫 노회 재건이었다.[6] 이후 1945년 11월 거창교회의 청빙을 받아 주남선 목사가 남하하고, 1946년 3월에는 평양 산정현교회에서 시무하던 한상동 목사가 남하하면서 부산경남지역의 재건운동은 경남노회를 중심으로 본격화된다. 경남노회는 일제하 신사참배반대운동의 중심지였으며, 주기철(경남 웅천), 주남선(경남 거창), 손양원(경남 함안), 한상동(경남 거창) 목사 등이 모두 경남노회 출신이었기에, 경남노회의 교회재건운동은 무엇보다도 명분이 있었다.

하지만 이들의 명분은 일제하와 다름없는 경남노회의 교권 구조에 직면하게 된다. 1942년 5월 25일 일제에 의해 해체된 경남노회는, 그 후 일제에 의해 일본기독교조선장로교단 경남 교구회로 변신하였으며, 초대 경남교구장에 부산경남지역에서 주도적으로 신사참배와 친일 협력을 주도했던 항서교회의 김길창 목사가 취임하면서 경남지역 장로교 친일의 중심이 되었다. 안타까운 점은 이들 신사참배와 친일 협력 관련자들이 해방 후에도 경남노회에 상당한 영향력을 가지고 있었다는 사실이었다.

---

6 대한예수교장로회 부산노회, 『부산노회사』(부산: 부산노회사편찬위원회, 2005), 423.

다르게 다가서는 역사

신사참배,

교회 수호인가, 배교인가?

과연 한국장로교의 신사참배는 '교회 수호를 위한 불가피한 선택'이었을까 아니면 '개인 혹은 집단적인 안전을 도모하기 위한 능동적인 반민족친일행위'였을까? 부인할 수 없는 사실은, 한국장로교 안에는 능동적이고 적극적인 친일세력들이 존재했고, 하지 않아도 될 친일 협력을 자신의 장점을 최대한 발휘하면서까지 수행했다는 것이다. 주기철 목사가 그의 마지막 설교에서 "주님을 위하여 오는 십자가를 피하였다가 이 다음 주님이 '너는 내가 준 유일한 유산인 고난의 십자가를 어찌하고 왔느냐'고 물으시면 나는 무슨 말로 대답하랴."라고 고백하며 순교의 길을 가는 순간에도, 그 십자가를 피해 도망가던 교회 지도자들이 있었던 것이다.

해방 후 한국장로교의 재건을 위한 출옥 성도들의 노력은 신사참배 및 친일 협력 관련자들의 거센 반발에 직면하게 된다. 특히 한국장로교 주요 친일인물들의 활동 지역이었던 동시에 또한 신사참배를 거부하고 고초를 겪은 많은 출옥 성도들의 출신 지역이었던 '배교와 순교의 땅' 부산경남지역에서 이러한 긴장과 갈등은 첨예화된다.

과연 신사참배는 정치적인 차원의 '국가의식'이었을까, 종교적인 차원의 '종교의식'이었을까? 신사참배에 관한 문제의 핵심은 신사참배가 종교의식인지에 대한 논란이다. 만약 신사참배가 국가의식이었다면, 일제하 한국 교회의 신사참배는 불가피한 정치적 선택이었을 수 있다. 하지만 신사참배가 종교의식이었다면 한국 교회의 신사참배는 분명한 배교행위였기 때문이다.

신사참배의 종교관련 문제는 과거뿐만 아니라 현재 일본 내에서도 논란이 진행 중이다. 고이즈미(小泉) 전 일본 총리의 신사참배가 문제되자 일본 정부는 고이즈미 총리의 야스쿠니(靖國)신사 참배와 관련하여 "공식 참배하더라도 전몰자 추도목적으로 한 것이 외관상 명백할 때는 헌법이 금지한 종교 활동에 해당하지 않는다."고 적극적으로 해명하였는데, 이러한 해명은 1985년 나카소네(中曾根康弘) 전 총리의 야스쿠니신사 참배와 관련하여 "총리, 각료가 국무대신 자격으로 전몰자를 추도할 목적으로 야스쿠니신사의 본전이나 그 앞에서 한 번 절하는 방식으로 참배하는 것은 헌법 20조 3항(종교활동 금지)에 어긋나지 않는다."는 견해를 일본 정부가 마련한 후 국회 답변 등에 활용해 온 일본 정부의 공식적인 입장이었다.[7]

---

7   YTN(2005.10.25.).

일제하 한국 천주교나 감리교는 신사참배를 종교의식이 아닌 국가의식으로 받아들여 신사참배를 결정했다. 한국천주교회의 경우, 1923년 "서울교구지도서"를 통해 "신사참배를 하거나 신사에서 행해지는 예식들에 참석하는 것은 어떤 지향이든 간에 금지된다."고 하였으나, 1932년 "천주교 교리"에서는 "신사참배는 비록 그 시작은 종교적이라 할지라도 지금은 일반의 인정과 관계당국의 성명에 의하야 국가의 한 가지 예식으로 되어 있으니 저것(유교제사)과 혼동할 것이 아니며, 천황 폐하의 어전 앞에 예함도 이단이 아닌즉 국민된 자 가히 행할 것"이라고 밝혀 신사참배가 종교와 무관하다는 것으로 정리하였다.[8] 감리교의 경우에도, 1937년 미국감리교 해외선교부 실행위원회에서 신사참배문제에 대한 논의를 한 후 신사참배에 동의하였으며, 1938년 9월 3일에는 양주삼 총리사 명의로 "신사

---

8 교황청 포교성은 1936년 5월 26일자 훈령을 통해, "각국의 국민의례나 관습, 풍습 등 신앙심이 올바른 도덕에 명확히 반하지 않는 한 그것을 바꾸도록 권유해서는 안 된다. 또 애국심 표현을 특정의 종교를 믿는다는 표시로서 행하도록 하는 명령 따위는 없었고 다만 조국에 대한 사랑을 표시하는 사회적인 행위로써 실시하도록 명령된 것에 불과하다. 즉 경례가 종교적인 의식이 아니라 단순한 사회적인 관습이라는 견해가 널리 퍼지고 있기 때문에 혹시 가톨릭 신자가 그런 의식에 참가하는 것을 거부한다면 아주 쉽게 비난의 대상이 될 것이다. 가톨릭의 가르침에 반감이 없는 사람들한테서도 비난을 당하게 되고 조국에 대해서 냉담한 사람으로, 가족이나 친구들에게도 배은망덕의 예의 없는 사람으로 보이게 된다. 그러므로 이런 행위들이 타당하지 않은 여론을 형성하게 될 원인을 제공할지도 모르므로 주의해야 한다. 그런 여론은 일본인 신자에게 큰 고통을 줄 뿐만 아니라 다른 사람들을 구원으로 이끄는 길을 막는 것이다."라고 설명하였다.

참배는 국민의 당연히 봉행할 국가 의식이요, 종교가 아니라고 한 것을 잘 인식하셨을 줄 압니다. 그런고로 어떤 종교를 신봉 하던지 신사참배가 교리에 위반이나 신앙에 구애됨이 없는 것을 확실히 알 수 있습니다."라고 공식입장을 밝혔다.[9]

하지만 감독제 형태의 한국천주교회와 한국감리교와는 달리 노회 중심의 정치체제를 가지고 있던 한국장로교의 경우에는 신사참배에 대한 공식입장을 정하기가 쉽지 않았으며, 내부에 신사참배 수용 여부에 대한 상반된 견해가 존재했다. 하지만 1938년 제27회 조선예수교장로회는 마침내 신사참배를 하기로 가결하고, 총회장 홍택기 목사 명의로 "아등은 신사는 종교가 아니오 기독교의 교리에 위반하지 않는 본의를 이해하고 신사참배가 애국적 국가 의식임을 자각하며, 또 이에 신사참배를 솔선 여행하고 추히 국민정신총동원에 참가하여 비상시국하에서 총후 황국신민으로서 적성을 다하기로 기함."이라는 성명서를 발표한다.

선교사들은 "신사참배 가결은 첫째, 하나님의 말씀을 위반하는 것이다. 둘째, 장로교 헌법과 규칙을 위반하는 것이다. 셋째, 일본 국번의 종교자유 헌장을 위반하는 것이다."라고 주장

---

9 이성삼, 『감리교와 신학대학사』(서울: 한국교육도서출판사, 1977), 213에서 재인용.

다르게 다가서는 역사

하여 신사참배 결의를 반대하였으나 받아들여지지 않았다.[10] 한국장로교가 선교사들의 입장을 떠나 신사참배를 결의했다는 사실은 한국장로교가 선교사들의 교권으로부터 자유로워진 것이라기보다는 친일 협력의 길로 들어섰다는 것을 의미했다.

살아 있는 신 천황을 중심으로 식민체제를 구축하려던 일제의 통치정책 하에서, 명백한 종교행위인 신사참배를 국가의식으로 해석하여 공교회의 신사참배를 공식화하였던 입장들과는 달리, 기독교 교육의 관점에서 한국 교회의 미래를 위해 신사참배의 수용문제를 심각하게 논의했던 상반된 입장들이 있었던 것은 그나마 다행이었다. 전자에 비하며, 후자의 경우는 그 진정성을 느낄 수 있기 때문이다.

즉 조지 맥큔(George McCune) 선교사는 "너는 내 면전에 다른 신을 숭배하지 말라."라는 글을 통해 "일본 대심원은 1901년에 신도는 종교라고 선언한 적이 있는데 이 선언서는 금일까지 취소되지 않았고, 또 정부의 보호 하에 발행하는 각종 인쇄물을 보아도 신도는 일본의 국교요, 그것은 일본 국민 생활의 일부분이라고 많이 쓰고 있다. 즉 그 용어가 순연한 종교언어

---

10 박윤선, 『성경과 나의 생애』(서울: 영음사, 1992), 104에서 재인용.

이다."라고 주장하고, "정부의 명령에 복종하고 학교의 생도들을 데리고 신사에 참배함으로써 교육기관의 존속을 도모할 것인가 또는 장차 명령을 거부하여 마지못해 학교를 폐쇄할 것인가, 어느 쪽인가 다른 방법은 절대로 없다."고 결론내리면서, "만약 학교가 오직 교육을 위한다면 불만족한 조건이 요구되어도 우리는 그대로 하겠지만 그러나 조선에 있어서와 같이 만약 그것이 장래의 교회 지도자를 양성하는 목적을 위하여 설립된 것이라면 그 생명의 중추 신경을 단절하는 것은 할 수 없다. 금일에 있어서 조선의 교육은 로마제국에 있어서 옛날의 교육과 같은 경우에 직면하고 있다. 제국의 명령과 신의 명령 어느 것에 복종할 것인가. 우상숭배 정부의 명령과 크리스천의 양심, 어느 것이 교육행위의 표준이 될 것인가?"라고 결단을 촉구하고 있다.[11]

반면 호레이스 언더우드(Horace H. Underwood) 선교사는 "가이사의 것은 가이사에게 돌리라."라는 글을 통해, 신사참배에 "반드시 숭배의 의미가 있다고는 믿기 어렵다. 우리 예배당에는 때때로 예배심이 없는 사람들이 호기심을 가지고 출석하는 경우가 있다."고 전재하고, 만약 기독교 학교가 신사참배를

---

11 김승태, 『한국 기독교와 신사참배문제』(서울: 한국기독교역사연구소, 1991), 383-385.

다르게 다가서는 역사

거부한다면, 학교가 폐쇄되고, 학생들은 비기독교 학교에 가서 비기독교 선생들의 지도하에 신사참배를 계속할 것이며, 만약 이를 거부하면 교육이 거부되고, 그렇다면 교육을 받지 못한 이들 중에서 미래 교회의 지도자가 나올 것이라고 염려하였다.[12] 두 입장 모두 설득력을 가지고 있었다.

한국 교회의 미래를 생각하며 일어났던 이러한 진심어린 논쟁들과 한국 교회 지도자들의 능동적이고 적극적인 친일행위는 다른 차원에서 이해될 필요가 있다. 게다가 신사참배를 진정 국가의식으로 이해했고, 신사참배와 친일 협력이 한국 교회를 수호하기 위한 불가피한 선택이었다고 하더라도, 이에 따른 진정한 참회가 반드시 동반되어야만 했다. 설령 출옥 성도들이 내세운 5개항의 기본원칙이 어려운 시대를 살아온 동료 교회 지도자들의 심정을 충분히 배려하지 않았던 의인들의 독선이었다고 하더라도 진정한 공적 참회는 반드시 필요했다. 하지만 한국 교회가 이러한 진심어린 회개의 과정을 거치지 않았다는 데 문제의 심각성이 있었다.

신사참배가 종교의식이었다는 사실은 1954년 4월 23일 안동에서 개최된 제39회 총회에서의 "신사참배 취소성명"을 통

---

12   Ibid., 386-388.

해 분명해졌다. 동 총회는 1938년 제27회 총회에서의 신사참배 결정을 취소하고, 이 결정이 비록 일제의 강압에 의한 것이었으나, "하나님 앞에 계명을 범한 것임을 자각"한다고 공식적으로 선포하여, 신사참배가 단순 국가의식이 아니었음을 인정했다.[13]

무엇보다도 중요한 사실은 주님의 몸 된 교회는 인간이 지킨다고 하여 지켜지고, 인간이 포기한다고 하여 없어지는 제도가 아니라는 사실이다. 즉 교회의 존속 여부는 인간의 행위에 달려 있지 않고, 하나님의 계획에 달린 문제라는 인식으로의 전환이 필요했다. 한국 교회가 신사참배를 하면 무사할 수 있고, 신사참배를 거부하면 위기에 처할 수 있다는 이원론적 인식의 중심에는 하나님이 아닌 인간이 서 있기 때문이며, 교회의 존속에 관한 문제는 인간의 노력이 아니라 오직 하나님의 계획에 달려 있다는 것이 신약성서와 기독교 역사의 증언이기 때문이다.

---

13 이러한 결정의 배경에는 신사참배를 거부하고 옥고를 겪은 이원영 목사의 노력으로 인해 가능했다. 고려파와의 갈등이 심각하던 시기에 이원영 목사는 교회의 절대적인 지지와 함께 총회장으로 선출되었다. 임희국, 『선비 목회자 봉경 이원영 연구』(서울: 기독교문사, 2001), 266-271.

친일 협력자들 vs.
출옥 성도들

해방 후 한국장로교의 재건을 위해 노력하던 출옥 성도들이 요구했던 신사참배 관련 교회 지도자들의 공적 회개와 자숙요구에 대해 당사자들이 반발하면서, 한국장로교의 재건 노력은 한국장로교의 개혁운동으로 전환되게 된다.

친일 협력자들의 강한 반발에 직면한 교회 재건 노력은 교회개혁운동으로 전환되고, 이는 경남노회 내부의 긴장과 갈등으로 표출되어지게 된다. 1946년 12월 3일 진주 봉래동교회에서 모인 제48회 정기 경남노회에서 일본기독교조선교단 경남교구장으로 친일 협력활동을 주도했던 김길창 목사가 노회장으로 취임했고, 친일 관련자들이 경남노회의 교권을 다시 장악하게 된다. 시대는 변했지만, 교권에는 변함이 없었다.

게다가 김길창 목사 중심의 경남노회는 출옥 성도들이 중심이 되어 세운 신학교육기관인 고려신학교의 인준을 취소하고, 신사참배와 관련한 문제는 더 이상 논의하지 않기로 결정하였다. 하지만 한상동 목사 등이 이러한 결정에 반발하게 되고, 이러한 반발이 부산경남지역의 교회들의 지지를 얻게 되면서, 경남노회는 분열의 위기를 맞게 된다. 이 문제의 해결을 위해

1947년 3월 10일 구포교회에서 임시 경남노회가 모였고, 이 자리에서 김길창 목사 등 친일 협력 인사들은 상황의 불리함을 깨닫고 과오를 일시적으로 인정하게 된다. 하지만 한상동 목사를 중심으로 한 교회 재건과 개혁을 주도한 출옥 성도들과 김길창 목사를 중심으로 한 신사참배 및 친일 협력 관련자들 사이의 긴장과 갈등이 더욱 깊어가게 된다.

경남노회의 분열과
고려파의 분립

출옥 성도들과 신사참배 및 친일 협력 관련자들 사이의 긴장과 갈등으로 인해 경남노회는 분열을 맞게 된다. 1946년 12월 3일, 진주 봉래동교회에서 열린 제48회 정기 경남노회에서 김길창 목사가 노회장으로 선출되면서, 노회 내의 갈등이 첨예화된다. 교권을 재장악한 김김창 목사는 자신의 신사참배와 친일 협력 전력을 정죄하는 고려신학교 관련자들에 대한 경계를 늦추지 않았다. 결국 1948년 9월 21일 김길창 목사가 시무하던 부산 항서교회에서 열린 제49회 임시 경남노회에서 고려신학교의 인정이 취소되었고, 갈등이 지속되면서 경남노회는 김길창 목사 중심의 경남노회와 한상

다르게 다가서는 역사

동 목사 중심의 경남법통노회로 양분되게 된다.

김길창 목사는 1949년 3월 8일 항서교회에서 권남선 목사 등과 별도의 제51회 정기 경남노회를 소집하였고, 한상동 목사 등은 1949년 3월 8일 마산 문창교회에서 제51회 정기 경남 노회 소집하여, 김길창 목사의 노회와 구별하여 경남법통노회 라고 부르게 된다. 결국 경남노회는 김길창 목사 측과 한상동 목사 측으로 분리되었고, 이 문제는 총회로 확대되게 된다.

경남노회의 분열은 한국장로교 최초의 분열로 이어지게 된 다. 이러한 분열 계기가 된 사건이 출옥 성도들이 중심이 된 고려신학교의 설립이었다. 1938년 평양신학교가 폐교된 후, 1940년 3월에 조선신학교가 개교하였다. 진보적 성향의 조선 신학교가 총회의 직영신학교로 가결되자, 이를 반대했던 한상 동 목사와 주남선 목사가 중심이 되어 1946년 9월 20일 박윤 선 목사를 초대교장서리로 하여 부산진의 금성중학교에서 고 려신학교가 개교한다.[14] 고려신학교의 설립은 1946년 7월 진 해읍교회에서 열린 제47회 임시 경남노회에서 그 설립을 허락 받아 설립취지서를 발표한 후에 이루어졌다.

1946-1960년 동안 고려신학교에서 가르쳤던 박윤선 목사

---

14 박윤선, 『성경과 나의 생애』, 98.

6 교회 분열의 아픔이 새겨진 부산

155

는 고려신학교의 신학 노선이 "칼빈주의"이며, 고려신학교의 설립 목적은 "과거 신사참배에 동참했던 한국 교회의 과오를 회개하고 교계 정화를 이루기 위함"이었다고 밝혔다.[15] 박윤선 목사는, 조선신학교를 자유주의 신학자들이 세웠으며 성경관에 있어서 성경에 오류가 없다는 칼빈주의 입장을 지키지 않았고 이로 인해 한국장로교 안에서 성경관에 대한 논쟁이 일어났다고 믿었다.[16] 박윤선 목사에 따르면, 초대교장으로 내정된 박형룡 박사의 귀국이 늦어져 교장서리와 교수로 주경신학, 조직신학, 성경신학, 성경 원어를 담당하였으며, 신사참배 문제로 투옥되었고 후에 추방당했던 한부선(Bruce F. Hunt)이 교수로 그리고 추방당했던 마두원(Dwight R. Malsbary), 최의손(William H. Chisholm), 함일돈(Floyd E. Hamilton) 선교사 등이 해방 후 다시 내한하여 고려신학교의 강사로 사역했다고 한다.[17]

1947년 10월 14일, 박형룡 목사가 고려신학교의 초대교장으로 취임하였으며, 자유주의 신학을 반대한 조선신학교 자퇴 학생 34명이 박형룡 목사를 따라 내려와 고려신학교에 편입하였다. 하지만 1948년 5월에 한상동 목사와의 갈등으로 고려신

---

15 Ibid., 97-98.

16 Ibid., 98.

17 Ibid., 97.

학교를 사임한 박형룡 목사는 6월 남산에 장로회신학교를 설립하고 1949년 9월 장로회신학교 제6대 교장에 취임한다.[18] 편입생 전원도 박 목사를 따라 고려신학교를 떠났다. 그 후 고려신학교는 박윤선 목사와 한상동 목사를 중심으로 운영되게 된다. 두 사람의 관계와 고려신학교에 대한 기여에 대해 고신대학교 이상규 교수는 다음과 같이 평가한다.

> 고려신학교에서 박윤선의 기여는 절대적이었다. 고려신학교의 신학은 바로 박윤선의 신학이었고, 그는 신학 전반의 교사였다. 한상동 목사가 고려신학교라는 신학교육의 장(場)을 만들었다면, 박윤선은 신학교육의 내용을 공급하였다. 한상동 목사가 경건 훈련이나 영적 생활에 영향을 준 것은 사실이지만 고려신학교의 신학적 체계는 박윤선의 몫이었다. 박윤선은 한상동의 교회 재건 혹은 개혁주의 교회 건설의 의지를 신학화하고 실제화시켰던 신학자였다. 가장 왕성하던 인생의 장년기에 박윤선 교수가 고려신학교에 쏟았

---

18 이상규 교수는 박형룡 목사와 한상동 목사와의 결별로 인해 박형룡 목사를 중심으로 반조선신학교, 반고려신학교 인사들의 결집이 이루어졌고, 고려신학교 측은 보수주의 신학자인 박형룡 목사도 수용하지 못하는 집단으로 비춰져 분리적이고 독선적인 분파 운동이라는 오해를 낳게 했다고 분석한다. 이상규, 『한국 교회의 역사와 신학』(서울: 도서출판 생명의양식, 2007), 220.

던 개혁신학에 대한 열정을 고려해 본다면 고려신학교의 신학이란 다름 아닌 박윤선의 신학이라고 해도 지나친 말이 아닐 것이다.[19]

하지만 김길창 목사 측과 한상동 목사 측의 갈등이 첨예화되면서, 1948년 9월 21일 열린 제49회 임시 경남노회에서 고려신학교의 인정이 취소된다. 고려신학교 인정 취소는 곧 출옥 성도들의 교회 재건 노력과 교회개혁 시도에 대한 분명한 반대를 의미했다.

대한예수교장로회
고려파의 설립

1948년 5월 새문안교회에서 소집된 제34회 총회에서, 순천노회가 문의한 "고려신학교에 학생을 추천해도 좋으냐?"라는 질문에 대해 총회는 고려신학교는

---

19 이상규 교수는 박윤선 목사의 고려신학교 교장 해임을 "고신의 비극"이라고 표현하면서 "어떠한 명분을 제시한다 해도 박윤선으로 하여금 고려신학교를 떠나게 한 일은 옹졸한 처사였다. 특히 그가 주일 성수를 범했다는 이유로 공격의 날을 세운 것은 더욱 그러하였다. 그러나 그것이 고신의 한계였다."라고 평가한다. 이상규, 『한상동과 그의 시대』(서울: SFC 출판부, 2006), 35-36.

총회와 무관하니 추천할 필요가 없다는 결정을 내린다. 이러한 결정은 총회의 고려신학교뿐만 아니라 경남법통노회에 대한 공식적인 입장이 되었다.[20] 이후 총회는 4년 여간 경남노회와 갈등하게 된다.

경남법통노회의 저항과 화해 노력은 계속되었다. 1949년 8월 29일 대한예수교장로회 경남신도대회에 모인 참가자들은 선서문을 채택하고 "우리는 대한예수교장노회 전국교계 내에 일제의 잔재인 신사참배 찬성과 권장파로 조성되어 있는 교권 뿔럭을 타파할 것을 요청할 것"이라고 그 저항 의지를 밝혔다.

다른 한편으로는 1950년 5월, 경남법통노회장 이약신 외 5인 명의로 대한예수교장로회총회장, 경남노회특별위원장, 장로회총회 제36회총회 총대에게 공문을 보내 "慶南法統老會가 어떠한 論斷을 받을지라도 우리는 大韓예수敎 長老會慶南法統老會이온즉 암닭의 품에서 까낸 오리색기인 줄 알면 여호와께서 슬퍼하겠읍니다."라고 그 안타까운 심경을 "結論的要求條件"을 통해 밝히면서, 다음의 내용을 호소한다.[21]

---

20 당시 총회장이었던 이자익 목사는 1927년부터 두 차례의 경남노회장과 2차례의 부노회장을 지내는 등 경남노회에 대한 이해도 깊었고, 신사참배를 반대하여 창씨개명도 하지 않았던 교회의 지도자였다. 대전신학대학교50년사편찬위원회, 『대전신학대학교 50년사』(서울: 한국장로교출판사, 2004), 124.

21 大韓예수敎慶南老會, 『大韓예수敎長老會 慶南老會撮要』.

1. 분쟁 있는 개체 교회들은 틀별위원의 임석 심리를 기다
   립니다.

2. 경남노회 분규문제는 총회와 심곽한 관련성을 갖이고
   있음을 알아 주시오.

3. 경남법통노회가 역사적으로 얻은 실권과 법적으로 얻
   은 실권을 무시하지 마소서.

4. 第三十六 총회결의를 별위에서 번안하지 말아 주소서.

5. 去伍월十二日 마산서 결의한 경남법통노회 소속 교회
   百二十餘名의 결의를 법통노회와 별위에서도 무시하지
   마소서.

6. 법통노회원들의게 회원권을 삭탈함은 전체에 대한 억
   압인즉 해결될 때까지 六월 七일 부산진에서 모이는 집
   회에 참석하지 않키를 바람.

7. 去三六총회에서 장노회 신조 제 일에 조대한 결의와 지
   시를 각 노회가 그대로 꼭 실행하여 주실 일.

한국전쟁 중인 1951년 5월 25일, 부산 중앙교회에서 제36
회 총회가 속회되었고, 이때 입장권을 가진 총대만을 입장시켰
는데, 경남법통노회 12명의 총대들의 입장이 거절되었고, 대
신 김길창 목사 측에게 총대권이 허락되었다. 이때 경남노회

다르게 다가서는 역사

통일대책위원 이약신 목사 등 8인의 명의로 대한예수교장로회 총회장, 경남노회특별위원장, 장로회 총회 제36회 총회 총대에게 보내 공문에서, "우리를 反對하는 그들의 말은 이러하다. (1) 총회에서 끊어진다고 하나 우리는 하나님께 끊어질가 바두려워서 操心하고 있는 까닭에 獨善主義者라는 誤解를 받고 있다."라고 그들의 심경을 밝히고 있다. 하지만 이러한 노력에도 1952년 4월 29일 대구 서문로교회에서 열린 제37회 총회에서 경남법통노회 및 고려신학교와 관련 없음을 재천명하였으며, 경남법통노회 소속 12명의 총대를 제명 처분하였다.

이에 대해 경남법통노회는 1952년 9월 11일, 진주 성남교회에서 제57회 경남노회로 모여 총노회(總老會)를 조직하였고, 1956년 9월 20일 부산남교회에서 6개 노회 총대목사 52명, 장로 43명이 모여 대한예수교장로회 고신 총회를 조직하기에 이른다. 이로써 한국장로교는 분열되었고, 고려파는 분립하여 독자적인 총회를 구성하게 되었다.[22]

---

22 경남노회와 고려파 총회는 각각 교세를 늘리기 위해서 교회 쟁탈전을 벌였고 심지어는 신사참배를 한 사람들까지 모두 받아들이는 일까지 일어나게 되었다는 주장도 제기되었다. 명분보다는 실리가 앞선 갈등으로 변화되었던 것이다. 김광수, 『韓國基督敎再建史』(서울: 기독교문사, 1981), 112.

한국장로교

교파주의의 필연성

한국장로교 고려파의 분립에 대한 이해는 한국 교파주의에 대한 이해를 필요로 한다. 한국장로교 교파주의는 한국 교회의 '우연적 선택'이 아니라 '필연적 운명'이었음을 인정(Recognition)해야 하며, 교파주의의 단점보다는 장점에 대한 전향적 수용(Reception)이 필요하다.

한국장로교 고려파의 분립으로 인해 한국장로교 교파주의가 시작된 것은 아니다. 한국장로교회의 교파주의는 이미 선교 초기로부터 예견되고 있었으며, 한국장로교회의 교파주의는 '우연적 선택'이 아니라 미국, 캐나다, 호주의 6개 교파 선교에 의한 '필연적 운명'이었다. 한국 교회의 성격 형성은 교파주의 선교로부터 깊은 영향을 받았다. 특히 사회적 배경과 신학적 성향이 다른 미국, 캐나다, 호주의 6개 장감 선교부가 각각의 지역을 나누어 맡아 선교한 까닭에 교파주의적 영향이 각 지역마다 깊게 뿌리내렸다. 예를 들면, 상대적으로 가장 영향력이 컸던 미국북장로교회의 선교지였던 서북지역과 경북지역은 가장 큰 교권과 영향력을 확보할 수 있었고, 상대적으로 진보적인 캐나다 교회의 선교지였던 함경도는 민족운동과 한국진보신학의 산실이 되었다.

다르게 다가서는 역사

물론 장감 선교부들이 연합하여 한국선교의 효율적 진행을 위해 에큐메니칼 협력을 위해 노력한 것도 사실이지만, 이들 교파주의 선교의 부정적인 영향이 있는 것도 부인할 수 없는 사실이다. 리차드 니버가 "교파주의는 교회에 대한 이 세상의 승리를, 그리스도교에 대한 세속화의 승리를 상징하는 것이며 그리스도교의 복음이 정죄하는 분열을 교회 스스로가 시인하고 있음을 상징하는 것이다. 따라서 교파주의란 그리스도교의 도덕적 실패를 말하는 것이다."라고 지적했던 것처럼, 한국교회의 교파주의로 인한 문제는 현재 한국 사회 안팎에서 지적되고 있다.[23] 기독교인들의 문제인식의 현주소를 알 수 있는 공신력 있는 설문결과가 "한국 교회의 미래를 준비하는 모임"과 "한국 갤럽"의 공동 조사보고서에 게재되었는데, "한국 교회가 가지고 있는 가장 큰 과제 또는 문제점은 무엇이라고 생각하십니까?"라는 질문에 대해 교파주의가 한국 교회의 문제점이라고 답변한 개신교인들(24.7%)과 비개신교인들(20.9%)이 상당수였다.[24]

하지만 교파주의 자체가 가진 단점도 있지만 장점도 물론

---

23 리차드 니버, 『교회 분열의 사회적 배경』, 노치준 역(서울: 종로서적, 1983), 23.

24 한국 교회의 미래를 준비하는 모임/한국 갤럽, 『한국 개신교인의 교회활동 및 신앙의식 조사 보고서: 타종교인 및 비종교인과의 비교 분석』(서울: 두란노, 1999), 124-26.

있다. 특히 다종교권인 한국 사회에서 그리고 신분 차별과 지역 차별 정책이 역사적으로 이루어지던 한국 사회에서 교파주의의 정착은 일면 긍정적인 결과를 가져왔다. 즉 각자의 종교적 심성과 지역 특성에 따라 선호하는 교파를 선택할 수 있었던 것이다. 이러한 장단점을 모두 고려하여 한국장로교회의 교파주의를 평가해야 한다. 한국장로교회는 필연적 운명으로서의 교파주의를 인정(recognition)하고, 교파주의의 단점을 넘어 그 장점을 전향적으로 수용(reception)하는 단계로 나아가야 한다.

또한 교회사는 교회에 대한 박해는 교회의 성장과 분열을 동시에 가져다주었다는 것을 증언하고 있다. 이 점에서 고려파의 분립은 우연이라기보다, 교회사적으로 일제강점기의 박해로 인한 필연적인 결과였는지도 모른다.

한국장로교
교파주의의 전향적 수용

교파주의를 극복하기 위한 현실적인 논의가 이미 다양한 에큐메니칼 대화에서 '수용에 대한 의

미(idea of reception)'에 초점을 맞춰 폭넓게 진행되어 오고 있다.[25] '수용'은 기독교 공동체 안의 다양한 교리와 예전에 대한 "상호인정(mutual recognition)"에 초점을 맞춘다. 그리고 무엇보다도 이러한 상호인정은 "성직(ordained ministry)"에 대한 상호인정 문제와 깊이 연관되어 있다. 특히 세계교회협의회의 "Baptism, Eucharist and Ministry(B.E.M.)"와 북유럽의 루터교회와 성공회에서 합의한 "The Porvoo Common Statement(Porvoo)"에 보면 감독교회(Episcopal Churches)와 비감독교회(Nonepiscopal Churches) 사이의 성직에 관한 상호인정에 관한 문제가 사려 깊게 다루어지고 있다. B.E.M.과 Porvoo는 서로 다른 성직에 대한 인정 문제에 대해 동일한 접근을 하면서, 사도적 계승의 연속성은 모든 기독교 공동체 안에 서로 다른 형태로 존재하고 있다고 결론 내린다. 이 두 문서는 모든 기독교 공동체들을 향해 수동적인 '인정(recognition)'을 넘어 능동적인 '수용(reception)'으로 나아가

---

25 『에큐메니칼 운동과 신학사전』에 따르면, "수용"에 대한 논의는 1960년대부터 시작되었으며, "지난 25년 간의 에큐메니칼 운동 가운데 '수용'은 에큐메니칼 대화의 결과로 생긴 것을 교회가 점진적으로 상호 받아들이는 것을 나타내는 새로운 핵심 용어가 되었다. ⋯ 수용에 대한 가장 주목할 만한 본보기는 각 교회에 '세례, 성찬과 교역'에 대한 리마문서를 보내고 거기에 응답하도록 요청한 것이다. 190개 이상의 교회가 응답했다. 이는 수용 과정에 거의 모든 교회를 참여시킴으로써, 또 '모든 하나님의 백성 가운데 가능한 가장 폭넓은 참여'와 '고위 당국자'의 참여(BEM, p.x.)라는 양면에서, 에큐메니칼 운동이 새로운 국면에 들어섰음을 의미한다." 한국기독교교회협의회, 『에큐메니칼 운동과 신학사전』에큐메니칼 선교훈련원 역(서울: 한국기독교교회협의회, 2002), s.v., "수용."

라고 촉구하고 있다.

연합을 위한 대화에서 '수용'의 의미는 가족공동체를 통해서 좀 더 구체적으로 설명될 수 있다. 가족(family)은 연합을 위한 대화의 장에서 '수용'의 가시적이고 실제적인 상징으로써 사용되기도 한다.[26] 마가렛 오가라(Margaret O'Gara)는 가족들이 서로 즐겁게 만나고 지난 오해를 풀고 서로의 아픈 상처를 치유하는 성탄절의 가족모임을 중요한 연합을 위한 대화의 한 모델로서 묘사한다.[27] 즉 성탄절이 되면 가족들이 원근각지에서 모이고, 서로를 위해 준비한 성탄선물을 크리스마스 트리 아래에 내려놓고 함께 성탄축하 만찬을 나눈다. 이 만남은 가족 구성원들이 서로가 가지고 있는 오해를 풀고 서로 용서하고 위로하며 또한 서로 이해의 폭을 넓히는 중요한 시간이다. 오가라에 따르면, 이러한 화해와 용서와 위로와 이해는 성탄절 아침의 선물 교환(gift exchange)으로 이어지는데, 서로를 위해 준비한 선물을 열며 작은 선물에도 함께 기뻐하며, 서로 다가오는 새

---

26 탁지일, "The Idea of Reception and the Family in Ecumenical Dialogue" *Journal of Ecumenical Studies*(Summer-Fall 2002), 363-67과 탁지일, "국내 외국인 근로자 선교와 에큐메니즘" 「신학사상」(2006 봄), 268-274를 참조하라.

27 Margaret O'Gara, "Purifying Memories and Exchanging Gifts" and Pontifical Council for Promoting Christian Unity, "The 1993 Directory for Ecumenism" in Margaret O'Gara, *The Ecumenical Gift Exchange*(Collegeville, MN: Litrgical Press, 1998), chap. 2, "Purifying Memories and Exchanging Gifts: Recent Orientations of the Vatican toward Ecumenism," 29-44.

해의 소망을 나누며 서로 격려하는 시간을 갖는다. 선물의 가치는 가격에 있지 않고, 그 자체로 큰 의미를 갖는다. 이러한 성탄절의 만남을 통해 가족은 서로의 차이와 허물어진 관계를 '인정(recognition)'하고 서로를 있는 그대로 '수용(reception)'하는 새로운 관계의 회복을 경험하는 시간이라고 오가라(O'Gara)는 설명한다.

우리 문화를 예로 들자면, 이는 마치 설날과 추석에 있는 가족모임을 연상하게 한다. 명절을 맞아 만원 열차를 이용하거나 교통체증이 심한 고속도로를 타고 고향으로 가는 마음은 지루한 줄 모르고, 양손에 가족들을 위해 정성스럽게 준비한 선물을 가지고 가는 귀향길은 항상 설레고 즐겁기만 하다. 고향에 도착하면 부모님은 맛있는 음식을 한상 가득히 차려 주신다. '다양하게' 차려진 음식들이 차려진 '한상'에 온 가족이 둘러 앉아, 한 가족인 것을 확인하며, 살아온 이야기를 하는 시간이 바로 연합을 위한 대화의 장인 것이다. 맛있는 식사를 하며 쌓였던 오해도 풀고, 기쁨과 슬픔을 나누고, 새해의 소망을 나누며, 기분 좋은 덕담을 나누는 자리인 것이다.

한국장로교의 분열과 일치를 전망하는 교회사 포럼도 마치 이와 같은 것이라고 할 수 있다. 자신의 교파가 가지고 있는 장점을 잘 포장하여 대화의 장으로 가져와 내려놓고, 분열로 인한 역사의 아픔을 함께 나누며 서로 위로하며, 신앙의 동질성을 확인하며, 교회의 연합과 일치된 봉사의 필요성을 인식하고, 이에 대해 서로에 대한 배려의 마음을 가지고 논의하는 자리가 바로 연합을 위한 대화의 장이다. 각 교파가 정성스럽게 가지고 나온 선물은 값으로 산정할 수 없는 소중한 가치가 있는 것들이기에 서로 존중하고 배려해야 한다. 만약 서로의 선물을 남들과 비교하거나, 서로에 대한 이해보다 나의 이해를 앞세우기 시작하면, 즐거운 명절모임의 분위기가 상하게 되고, 서로 언성을 높여 다투게 되고, 다시는 가족모임에 오지 않겠다는 마음을 가지게 될 수도 있기 때문이다.

"The 1993 Directory for Ecumenism" 또한 연합을 위한 대화에서 가족공동체의 상징성에 주목하면서, "가족은, 수많은 차이점들에도, 서로 만나서 하나 됨의 기쁨을 나눌 수 있는 사랑의 교제가 이루어지는 곳이며, 가족은 또한 서로의 선입관을 통해 서로를 정죄하는 곳이 아니라 서로에게 있는 진실을 찾기 위해 노력하는 곳이다."라고 가족의 의미를 정의한다.[28] 연합을 위한 대화의 장은 마치 떨어져 살고 있던 가족들의 상봉의 장과 같은 것이다.

---

28 Pontifical Council for Promoting Christian Unity, "The 1993 Directory for Ecumenism," *Origins* 23 (July 29, 1993), 140 (no. 66).

'수용'은 형식적인 연합을 위한 대화에 나타나는 것이 아니라, 가족모임과 같이 서로 이해하고 배려하려고 노력하는 연합을 위한 만남과 대화 속에서 나타난다. 오가라(O'Gara)는 이를 통해, "연합을 위한 대화는, 교회의 선교를 위해, 온전하고 가시적인 그리스도의 교회의 친교를 목적으로 한다."고 결론 짓는다.[29] 오랜 기간 연합운동에 헌신해 온 루카스 비셔(Lukas Vischer)는 "'수용'은 단순히 서로에 대한 정보를 얻는 것으로 그쳐서는 안 된다. 연합을 위한 대화는 교회의 예전과 교리의 차이를 넘어서는 것으로까지 확대되어야 하며, … 이러한 '수용'은, 기독교 공동체들 간의 교제가 깊어지고 그 가운데 하나 됨의 경험이 성숙하게 될 때 성공적으로 자라날 수 있다."고 언급한다.[30] 바로 이러한 의미의 '수용'이, 한국장로교 지도자들의 신사참배와 친일 협력으로 인해 발생한 고려파와의 분립을 긍정적이고 현실적으로 극복할 수 있는 출발점이 될 수 있다.

29 Margaret O'Gara, *The Ecumenical Gift Exchange*, 18.

30 Lukas Visher, "The Reception of Consensus in the Ecumenical Movement," *One in Christ*, Vol. 17, no. 4(1981), 303-304.

연합을 위해
노력하는 교회의 전통

교회 연합에 대한 노력은 초대교회로부터의 오랜 전통이다. 초대교회 교부들의 주된 관심사들 중 하나는 지중해를 둘러싼 로마제국 전역에 있는 교회들의 연합과 질서였다. 초대 교부들은 교회의 연합과 질서를 끊임없이 강조했고, 그 연합의 모델로서 '그리스도의 몸으로서의 교회'를 제시했으며, 그 연합의 중심으로서 '사도직의 계승자로서의 감독'을 내세웠다. 또한 초대 교부들은 교회의 연합과 질서를 위해 이단과 투쟁하였고, 에큐메니칼 회의들을 개최하였으며, 교회 연합의 가시적 상징인 니케아신조를 만들었다. 이천 년 교회 역사를 보면, 초대교회의 순교와 금욕주의운동, 중세 교회의 수도원운동, 종교개혁 교회의 개혁운동, 현대 교회의 경건주의운동과 선교운동도 효율적 복음전파를 위한 연합운동으로 열매 맺은 것을 볼 수 있다.

한국장로교회도 그 시작으로부터 한 소망 안에 거하며 연합을 위해 노력해 왔다. 교파주의 선교사들은 효율적인 한국선교를 위해 선교사연합모임과 논의를 지속해 왔으며, 한국 교회의 신앙의 원년이라고도 할 수 있는 말씀에 기초한 회개운동인 1907년 평양대부흥운동에서도 교회의 부흥은 교회의 연합운

　　　　　　　　　　　　　다르게 다가서는 역사

동으로 열매맺었다. 평양대부흥운동은 많은 교회와 교파 간의 상호협력을 통해 진행된 교회 연합운동이었다. 대부흥운동과 백만인구령운동을 통한 조선 교회의 성장은, 효과적 선교를 위한 교파 간 연합을 가능하게 하였으며, 이 운동과정을 통해 사회에 대한 교회의 영향력이 확대되었다. 경건주의 운동과 복음주의적 각성운동을 통한 선교가 연합운동으로 필연적으로 귀결하였던 것처럼, 조선에서의 영적각성운동과 부흥운동도 선교사들과 조선 교회의 교파를 초월한 연합운동으로서의 표출되게 되었다.[31]

1905년 9월 15일에 6개 선교회의 선교사들이 모여 재한복음주의선교공의회(The General Council of Evangelical Missions in Korea)를 조직한 후, 대부흥운동과 백만인구령운동에 장감 선교부가 연합으로 참여하였다. 재한복음주의선교공의회는 장로교의 「그리스도신문」과 감리교의 「대한크리스도인회보」를 통폐합하여 연합으로 「그리스도신문」을 1905년 7월에 창간하였으며, 또한 초기의 조선 선교 역사 연구를 위한 소중한 자료인 *The Korea Mission Field*의 발행을 결의하였다. 이 기간 동안 연합활동을 통한 가시적인 결과물이 나왔으며 연합기관이 설립되었다.

---

31 탁지일, "1907년 대부흥과 조선예수교장로회 총회의 설립," 「부경교회사 연구」(2007.01.), 20-24.

1908년에는 장감합동으로 역사적인 『찬숑가』가 발행되어 마침내 조선의 장감교파가 한 찬송가로 예배하게 되었다. 1911년에는 구약성서가 완역되어 역사적인 『성경전서』가 발행되었다. 그리고 조선총독부의 "교육칙어"가 내려진 이듬해인 1912년에는 선교사들과 조선 교회 지도자들로 구성된 주일학교위원회가 설립되어 세계주일학교연합회의 지원으로 다양한 주일학교 공과들이 출판되어 일제의 신민화 정책 와중에서도 주일학교의 신앙교육이 체계적으로 진행되었다.[32] 대부흥운동과 백만인구령운동이 교회와 교파의 연합을 목적으로 한 것은 아니었지만, 상호협력적인 복음전도를 통해 조선 교회는 소중한 연합의 경험을 하게 된다. 삼일운동에서도 한국 교회는 하나가 되어 일제에 저항했으며, 해방과 함께 찾아온 한국전쟁에서도, 하나님은 한국의 기독교인들을 한반도 동남단 끝 부산으로 모아 하나로 연합하게 하시고 척박한 항도 부산에 말씀의 씨앗을

---

32 1912년 1월 4일 조선 총독 데라우치가 조선총독부 훈령 제1호로 내린 "교육칙어"에서 천황은, "너희 신민은 부모에게 효하고 형제에 우애하고 부부가 서로 화목하며 친구가 서로 믿고 공손하고 검소함을 몸에 지니며 박애를 대중에게 미치게 하여 학을 닦고 업을 연습함으로써 지능을 계발하고 덕기를 성위하며 나아가서 공익을 넓히고 세무를 열어 항상 국헌을 중시하고 국법을 따르며 일단 급한 일이 있으며 의용을 공공에 바침으로써 천양 무궁의 황운을 부익해야 한다. 이 같은 일은 단지 짐의 충량한 신민일 뿐만 아니라 또한 이로써 너희 선조의 유풍을 현창하기에 족하다."고 강조하고 있다. 『일제강점기 종교정책사 자료집』, 김승태 편역(서울: 한국기독교역사연구소, 1996), 47-48.

다르게 다가서는 역사

뿌리는 역사를 이루셨다. 그리고 오늘의 한국 교회는 남북한 교회의 연합을 위해 소망 가운데 기도하고 있다. 교회의 연합을 위한 노력은 교회사의 소중한 전통이며, 이는 나누어진 한국장로교 모든 교파들에게도 적용된다.

연합을 위한
기초

한국에서 교파 간 연합운동이 가장 활발하게 진행되는 곳은 제주와 광주와 부산이다. 예를 들어 제주도는 2003년 5월 29일, 제주도기독교교단협의회에서 예장합동, 기감, 기하성, 예장고신이 회원교단으로 가입하면서 도내 19개 모든 교단이 협의회에 가입하여 국내 최초로 모든 교파들이 하나가 되는 기록을 세웠다.[33]

이들 지역들은 각각 특별한 역사적 배경을 가지고 있다. 제주는 외지인들이 개입한 이념 대립으로 인해 수많은 제주도민의 희생을 경험한 곳이며, 광주는 군사정권으로부터 아픔을 겪은 곳이고, 부산은 기독교 인구가 가장 적은 불교의 땅이다. 교

---

33 "제주 기독교단 국내 첫 하나됐다." 「국민일보」(2003.06.03.).

파주의를 넘어서는 역사적 동질성과 공감대가 이미 형성되어 있는 곳이다. 이 지역에서는 교파를 초월하여 공동의 문제에 대처해 나아가야만 하는 절박함이 있고, 이를 위해 서로의 힘을 필요로 하고 있는 지역들이다. 서로에 대한 필요를 느끼지 못한다면 연합의 기초가 형성되기 힘들다. 부족함을 시인하는 겸손함이 연합의 기초가 될 수 있다.

이 점에서 부족함이 풍성한 부산경남지역은 하나님의 은혜가 깃든 곳이라고 볼 수 있다. 특히 국내에서 교세가 가장 약한 부산은 한국전쟁 당시 "눈을 들어 하늘 보라" 찬송이 울려 퍼진 곳이다. "눈을 들어 하늘 보라"라는 찬송의 마지막은 "눈을 들어 하늘 보라 다시 사실 그리스도 만백성을 사랑하사 오래 참고 기다리셔 인애하신 우리 구주 의의 심판하시는 날 곧 가까이 임하는 데 믿는 자여 어이할고"라는 종말론적 소망을 노래하는 것으로 끝을 맺고 있다. 1952년 한국전쟁의 피난처 부산에서 울려 퍼졌던 이 애통의 찬송과 기도에 대해, 하나님은 그 누구도 예상하지 못했던 은혜의 씨앗을 뿌려 주셨다. 지금도 한없이 미약한 형편이나, 한국전쟁을 통해 부산경남지역 교회가 성장할 수 있는 기초를 놓아 주신 것이었다.[34]

---

34 탁지일. "부산, 기독교의 성지인가, 이단의 요람인가?" 「부산장신논총」(2007), 132-133.

이 시기는 한국 교회가 고신, 기장, 예장으로 나누어지는 아픔을 겪었고 그리고 사회적으로는 전국적으로 가뭄과 홍수나 태풍이 만연하고, 전염성 질병이 창궐하고, 빈곤을 운명적으로 받아들일 수밖에 없었던 시련의 시간이었지만, 한편 부산지역의 교회는 그 성장을 위한 영적 힘을 바로 이 비극적인 전쟁을 통해서 제공받게 된다. 이 시기에 많은 교회들이 부산지역에 세워지게 되면서 피난민들로 인한 교세의 양적 성장을 또한 이루게 된다.[35] 서로의 부족함을 깨닫고 고백하는 겸손함이 교회 연합의 기초가 된다. 교세가 가장 미약한 부산경남지역의 복음화를 위해 고신, 통합, 합동의 구분은 현재 무의미할 뿐이다.

본 장을 통해 한국장로교 고려파의 분립 원인을 고려파 분립이 일어난 부산경남지역을 중심으로 연구하고 연합의 가능성을 전망해 보았다. 고려파의 분립을 초래한 신사참배 및 친일 협력 관련 장로교지도자들에 대한 문제를 해결하는 데 있어서 부산경남지역은 다른 지역에 비해 아직도 어려운 점이 많다. 부산경남지역 장로교회의 친일 문제는 단지 '과거의 역사'가 아니라 현재도 진행 중인 '미완의 역사'이기 때문이다. 부산경남지역 장로교회 안팎에는 친일 협력 문제를 자유롭게 언급

---

35 Ibid., 133.

하기 어려운 인간관계와 교파적 긴장이 현재도 조성되어 있다. 또한 다른 지역과는 달리 친일 문제로 인해 발생한 교단 분열의 당사자들인 고신, 통합, 합동교단 소속의 교회들과 그 관련 교육기관들이 이 지역에는 고르게 분포되어 있다.

하지만 분열의 아픈 기억을 넘어 연합을 위한 새로운 소망이 부산경남지역에서 자라나고 있다. 국내 다른 지역의 기독교 교세에 비해 상대적으로 열악한 부산경남지역에서 한국장로교 고려파의 분열이 이루어졌지만, 그 연합을 위한 발돋움도 부산경남지역에서 시작되고 있기 때문이다. 이미 장로교 여러 교파를 포함하는 연합운동이 부산경남지역에서 활발하게 진행되고 있는 것을 바라보며, 한 소망 안에 하나 되는 한국장로교를 소망해 본다.

다르게 다가서는 역사

참고문헌

김광수.『韓國基督敎再建史』, 서울: 기독교문사, 1981.

김길창.『말씀 따라 한 평생』, 부산: 동성출판사, 1971.

김승태.『한국 기독교와 신사참배 문제』, 서울: 한국기독교역사연
　　　구소, 1991.

김승태 편역.『일제강점기 종교정책사 자료집』, 서울: 한국기독교
　　　역사연구소, 1996.

김양선.『韓國基督敎解放十年史』, 서울: 大韓예수교長老會總會 宗
　　　敎敎育部, 1956.

대전신학대학교50년사편찬위원회.『대전신학대학교50년사』, 서
　　　울: 한국장로교출판사, 2004.

大韓예수敎慶南老會.『大韓예수敎長老會 慶南老會撮要』.

대한예수교장로회 부산노회.『부산노회사』, 부산: 부산노회사편찬
　　　위원회, 2005.

리차드 니버.『교회 분열의 사회적 배경』, 노치준 역, 서울: 종로서
　　　적, 1983.

박윤선.『성경과 나의 생애』, 서울: 영음사, 1992.

이상규.『한국 교회의 역사와 신학』, 서울: 도서출판 생명의양식,

2007.

_____.『한상동과 그의 시대』, 서울: SFC출판부, 2006.

이성삼.『감리교와 신학대학사』, 서울: 한국교육도서출판사, 1977.

임희국.『선비 목회자 봉경 이원영 연구』, 서울: 기독교문사, 2001.

『조선예수교장로회총회록』.

탁지일. "일제 말기 경상도지역 장로교단의 전시협력활동 연구,"
「한국 기독교신학논총」 58집(2008).

_____. "국내 외국인 근로자 선교와 에큐메니즘,"「신학사상」
(2006. 봄).

_____. "1907년 대부흥과 조선예수교장로회 총회의 설립,"「부경
교회사 연구」(2007.01.).

_____. "The Idea of Reception and the Family in Ecumenical Dia-
logue" *Journal of Ecumenical Studies*(Summer-Fall 2002).

한국 교회의 미래를 준비하는 모임 / 한국 갤럽.『한국 개신교인의
교회활동 및 신앙의식 조사보고서: 타종교인 및 비종교인
과의 비교 분석』, 서울: 두란노, 1999.

한국기독교교회협의회.『에큐메니칼 운동과 신학사전』, 에큐메니
칼 선교훈련원 역, 서울: 한국기독교교회협의회, 2002.

한국기독교역사연구소 북한교회사집필위원회.『북한교회사』, 서
울: 한국기독교역사연구소, 1996.

O'Gara, Margaret. *The Ecumenical Gift Exchange*. Collegeville,

    MN : Litrgical Press. 1998.

Pontifical Council for Promoting Christian Unity. "The 1993 Di-

    rectory for Ecumenism." *Origins 23*(July 29, 1993).

Visher, Lukas. "The Reception of Consensus in the Ecumenical

    Movement." *One in Christ*. Vol. 17, no. 4(1981).

복음을 품은 한국전쟁의 피난처 부산

한국전쟁은 부산지역 교회의 성장의 중요한 전환점이었다.[1] 한국전쟁 기간 동안 부산지역은 남과 북의 많은 기독교인들이 찾아온 마지막 피난처였던 동시에, 애통하는 심정으로 나라와 교회의 회복을 소망하던 곳이었다. 이 절망적인 피난처에서, "눈을 들어 하늘 보라"라는 찬송이 나라와 교회의 회복에 대한 애절한 소망을 담아 불리기 시작했다.[2] 이 찬송은 "눈을 들어 하늘 보라 어지러운 세상 중에 곳곳마다 상한 영의 탄식 소리 들려온다 빛을 잃은 많은 사람 길을 잃고 헤매이며 탕자처럼 기진하니 믿는 자여 어이할고"라고 애통해 하는 한편, 다른 한 편으로는 "눈을 들어 하늘 보라 다시 사실 그리스도 만백성을 사랑하사 오래 참고 기다리셔 인애하신 우리 구주 의의 심판 하시는 날 곧 가까이 임하는 데 믿는 자여 어이할고"라는 종말

---

1 이 글은 "한국전쟁과 부산지역 교회의 성장(「전통과 해석」, 2004)"과 "북미 교회의 한국전쟁 이해(「한국 기독교와 역사」, 2013)"를 편집, 보완한 것이다.

2 1952년에 석진영에 의해 작시되고 박재훈이 곡을 붙인 찬송가 256장.

　　　　　　　　　　　　　　다르게 다가서는 역사

론적 소망을 노래하고 있다. 하나님은 이 애통의 찬송과 기도
가 울려 퍼지던 마지막 피난처 부산에 아무도 예상하지 못했던
은혜의 씨앗을 뿌려 주셨다. 즉 하나님은 이 전쟁을 통해 부산
경남지역 교회가 성장할 수 있는 기초를 놓아 주셨던 것이다.

　교회사적으로 부산경남지역은, 호주장로교를 중심으로 초
기 선교가 이루어지던 곳이고, 한국 초기 기독교 신앙과 신학
의 중심이었던 서북지역과 서울지역의 제 교파 교회들이 한국
전쟁 기간 동안 일시 정착하여 영향을 끼친 곳이다.

한국전쟁과 서북과
서울지역 교회의
부산 피난

　　　　　　　　　선교 초기로부터 해방에 이르기까
지 한국 기독교의 중심은 평양을 중심으로 한 서북지역이었으
며, 평양은 "동방의 예루살렘"으로 불리었다. 1938년에는 한
국 교회 교인 50만 명 중 35만 명이 장로교인이었고, 그중의 5
분의 4가 평양남도에 거주한 사실은, 평안북도와 황해도의 교
인 수를 참작한다면, 당시 한국 기독교의 중심이 서북지역이었

음을 의심할 여지가 없다.[3]

경제적으로는 일제의 대륙침략으로 인한 공업화 정책으로 인해, 서북지역은 경제적 성장을 이루게 된다. 토지 소유자들은 지하자원이 풍부하게 매장된 그들의 토지로 인해 많은 돈을 벌 수 있었다. 이 지역에서 사역하던 한 선교사는 자기 구역은 한국 농민들이 지금 만큼 많은 돈을 소유해 본 적이 일찍이 없었으며, 따라서 자기 구역 전체에 걸쳐서 목사와 전도사들의 봉급이 인상되었다고 말했다.[4] 이러한 여유로 인해 서북지역의 기독교인들은 교회를 세우고 목사의 생활을 뒷받침할 수 있었던 것이다. 또한 이 지역의 기독교 수용계층은 자립적이고 독립심이 강한 중산층이었고, 이들 중에서도 상인들이 먼저 기독교를 받아들이기 시작했다.

서북지역의 교회는 이러한 중산층을 기반으로 하였으며, 또한 대부분이 중산층 출신이었던 미국북장로교의 선교사들은 그들에게 익숙한 중산층의 경제적 정서를 기반으로 선교의 결실을 걸을 수 있었다. 더욱이 사회적으로도, 서북지역의 기독교 수용이 다른 지역에 비해 수월했는데, 이는 현재 알려진 대

---

3 민경배, "초기 서울지방 교회에 대한 한 분석적 고찰," 「신학연구」 22, 1980, 735.

4 *Korea Mission Field*(서울: Evangelical Missions in Korea, 1918), 3. 서명원, 『한국 교회 성장사』(서울: 대한기독교서회, 1966), 179에서 재인용.

다르게 다가서는 역사

로 족보의 발원지가 거의 없을 정도로 정통적 질서가 부재하였고, 따라서 유교의 오래된 전통 때문에 폐쇄적인 남부지역에 비해서 새로운 사조의 흡수에 민감한 반응을 보일 수 있었던 사회문화적 여건 속에 살았기 때문이라고 민경배는 지적한다.[5] 실제로 "평안도 사람들은 조선조 이래 중앙정부의 서북지역 차별정책 때문에 고위관직에 나아갈 수 없었다. 그러나 사회적 푸대접에 대한 반발에서 남부지방보다 훨씬 교육열이 높았기 때문에 아무리 벽촌이라도 서당 없는 동네가 없었고, 문맹이 거의 없었다고 한다."[6] 또한 "특히 조선 후기의 세도정치 하에서는 소수의 벌열(閥閱) 가문이 관직을 독점하고 있었으므로 중앙정계 진출이 사실상 불가능하였다.

개항 이후 평안도지역이 새로운 문화와 종교를 적극적으로 받아들일 수 있었던 주요한 배경 가운데 하나는 바로 여기에 있었다고 볼 수 있다."[7] 교회사적으로도 서북지역은 선교지 교회의 자립을 강조한 네비우스선교방법의 집중적으로 적용되었던 지역이며, 청일전쟁과 노일전쟁의 가장 큰 피해 지역이기

---

5 민경배, 『한국민족교회 형성사론』(서울: 연세대학교출판부, 1988), 194.

6 한국기독교역사연구소 북한교회사집필위원회, 『북한교회사』(서울: 한국기독교역사연구소, 1996), 58.

7 Ibid.

에, 기독교가 양적으로 영적으로 성장할 수 있는 좋은 토양을 갖고 있었다.

하지만 서북지역 교회의 성장은 곧 비서북지역에서의 기독교의 열세를 의미했다. 서북지역에서의 교회의 양적, 영적 성장이 이루어지는 시기에, 서울에서의 기독교의 수용은 그 목적과 수용계층에서 차이를 나타내고 있었다. 즉 선교 초기로부터, 서울을 중심으로 한 지역에서는 선비관료층에서 기독교를 적극적으로 수용하였고, 이들은 개화를 추구하는 신앙을 형성하였다.[8] 이들은 관심은 기독교 신앙 그 자체보다는 기독교 수용에 의한 개화, 자주적 국권의 확보, 근대화의 추진에 관심을 가졌고, 그렇기에 그 주요 수용층은 양반 등의 상류 지식층이 그 주류를 이루었다.[9] 이로 인해, 서울지역의 교회는 서북지역의 교회의 영향력으로부터 벗어나려는 모습이 나타나게 되고, 결국 이러한 지역적 계층적 차이는 신사참배로 인한 교육기관의 휴교문제에 대한 신학적 대립으로 나타나게 된다.

이러한 일제하 한국 교회의 지역적 차이는, 1948년 북한정권의 수립과 기독교에 대한 탄압으로 인해 서북지역 기독교가 삼팔선을 넘어 남하하게 됨으로써, 서북지역과 서울지역 교회

---

8   민경배, "초대교회의 개척자들"「기독교 사상」(1985.04), 36.

9   민경배, "민족교회로 전화하는 100년"「기독교 사상」(1980.01), 63.

는 공존을 모색하게 되었으며, 또한 한국전쟁으로 인해, 기독교인들이 마지막 피난처였던 부산지역으로 모이게 됨으로써, 한국전쟁 기간 동안 부산지역은 서북교회와 비서북교회의 공존이 시도되는 한 실험장이 되게 된다. 하지만 이러한 지역적 차이도 한국전쟁이라는 전 민족적인 고난의 현장에서 그 대립점을 일시적으로 상실하게 되고, 서로가 애통함 가운데 나라와 교회의 회복을 소망하는 하나의 신앙공동체를 이루게 된다. 의심할 여지없이, 한국전쟁은 부산지역 교회사에 있어서 하나의 중요한 전환점이었다. 『평양노회사』는 피난지 부산을 다음과 같이 묘사하고 있다.

> 부산은 피난민으로 꽉 차 있었다. 정부도 부산으로, 모든 학교도 부산으로, 공공 기관과 기업체들도 부산으로 갔다. 물론 서울 시민과 삼팔선 이남 사람들도 부산으로 내려왔다. 부산에는 갑자기 삼천리강산에서 전부 모여든 13도민 박람회장과 같이 되었다. 좋은 일로 화려하게 모여든 것이 아니라 죽음을 피하기 위하여 온 비극의 연속이었다.[10]

---

10 대한예수교장로회 평양노회, 『평양노회사』(서울: 푸른초장, 1990), 334.

고향을 어쩔 수 없이 떠났고, 또 다시 낯선 남도의 땅으로 내려올 수밖에 없었던 서북 기독교인들은 서로의 쓰라린 마음을 말하지 않아도, 하나님의 말씀이 낭독되고, 그 말씀이 선포되며, 찬양이 하나님께 올려질 때마다, 모두가 한마음 한뜻으로 흐르는 눈물로 응답할 수 있었다. 광복교회의 야외예배 모습은 어쩔 수 없이 떠나온 고향 "동방의 예루살렘" 평양을 그리워하는 피난 온 기독교인들의 마음을 잘 드러내 준다.

부산 광복교회를 중심으로 삼팔선 이북에서 피난 나온 기독 청년들이 면려회를 조직하고 주일 오후에 예배를 드리고 있었다. 1951년 4월 마지막 주일에 청년 면려회 회장이 예배 사회를 인도하고 이렇게 광고를 냈다. "여러분, 오는 주일은 오월 첫 주일 꽃주일(어린이주일)이올시다. 우리 북에서 피난 온 사람들이 보수산으로 모여 같이 예배를 드립시다. 다 참석해 주시기 바랍니다."하고 말했다. 5월 첫 주일 보수산에는 100-150명이 넘는 교인들이 몰려 올라왔다. 사회는 김윤찬 목사가 했고 김인서 장로(후에 목사가 됨)가 "예루살렘을 생각하라"라는 제목으로 눈물로서 설교했다. 눈물 어리고 목 메인 기도 소리는 평양성을 그리워하는 그들의 마음, 객고에 시달리고 괴로움에 이지러진 마음, 고향을 그리며

다르게 다가서는 역사

무엇인가 갈급하게 찾는 그들의 마음을 하나로 묶어 드리는 제단으로 공중에 메아리쳤다. "멀리 멀리 갔더니 처량하고 곤하여 슬프고도 외로와 정처없이 다니니 예수 예수 내 주여 곧 가까이 오셔서…." 이 찬송을 부를 때 손수건은 눈물로 적시어졌고 찬송가가 울음소리로 변했다.[11]

이러한 신앙공동체의 확립은, 민족의 분열과 함께 시작된 교회의 분열, 즉 1951년에 부산경남지역의 출옥 성도들을 중심으로 고려신학교 측이 분열되고, 1953년에는 조선신학교 측의 기독교장로회와 예수교장로회로 분열되는 와중에도 그리고 전국적으로 가뭄과 홍수나 태풍이 만연하고 전염성 질병이 창궐하고 빈곤을 운명적으로 받아들일 수밖에 없었던, 한국전쟁 이후의 시기에도, 부산지역의 교회는 그 성장을 멈추지 않는 영적 힘을 제공받게 된다.

실제로 이 시기에 많은 교회들이 부산지역에 세워지게 되면서 피난민들로 인한 양적 성장을 또한 이루게 된다. 현재 부산노회 소속 교회 중에서, 대성교회(1950), 영도교회(1951), 구덕교회(1951), 부산영락교회(1951), 영도중앙교회(1952), 산성교회

11 Ibid., 134-35.

(1952), 감만교회(1953)가, 부산동노회 소속 교회 중에서는 모라교회(1951), 양정중앙교회(1951), 연산제일교회(1951)가 그리고 부산남노회 교회 중에서는 동래중앙교회(1954) 등, 많은 교회들이 이 시기에 세워진다. 이러한 이유로 인해, 최근 몇 년 동안, 한국전쟁 50주년과 휴전 50주년을 맞으면서, 많은 부산지역의 교회들이 그 설립 50주년을 기념하는 것을 쉽게 볼 수 있었다. 부산광역시청의 1945-1955년까지의 10년 동안의 상주인구 조사의 결과를 보면 한국전쟁 개전 이후, 부산지역 인구가 두 배 가까이 급격히 증가한 것을 볼 수 있다.

수록시점	세대	인구
1955	190,341	529,112
1954	151,051	405,481
1953	151,076	402,030
1952	143,174	413,195
1951	146,174	414,050
1950		
1949	92,118	237,978
1948	91,028	251,710
1947	80,468	218,873
1946	68,609	183,138
1945	54,927	142,137

출처: 부산광역시청 상주인구조사 결과 통계(http://www.busan.go.kr)

한편 선교 초기에 세워진 이 지역 교회는 한국전쟁으로 인

다르게 다가서는 역사

해 전국에서 몰려든 피난민을 구제하는 봉사의 삶을 통해 내적인 신앙의 성숙을 이루었는데, 예를 들며, 영남의 어머니 교회인 부산진교회는 한국전쟁 당시 피난 온 기독교인들의 어머니 역할을 감당하였으며, "영적인 보살핌과 아울러 피난살이에 찌든 가난한 사람들의 위로자로서 모든 교우들은 그리스도의 사랑을 나누는 신앙공동체로서의 모습"을 구현해 나갔다고 증언한다.[12] 제일영도교회는, "전란의 처절한 상황 속에서도 본 교회와 교인들은 피난민들의 어려운 사정을 보고 외면치 않았다. 교회당 주변에 몰려들어 거처를 삼는 피난민들을 마다하지 않고 이들에게 필요한 도움을 제공하며 그리스도의 사랑을 베풀었던 것이 당시 제일영도교회 교인들이었다."고 기록하고 있다.[13]

또한 많은 피난민이 몰려들었던 거제도의 내간교회, 유천교회 등도 피난민을 위한 구제 사업을 전개하였고, 월남한 목회자나 장로들이 시무하던 대부분의 거제지역의 교회들은 "음식, 의류, 주택 등을 무료로 제공하였고 어린이의 교육문제까지 활동하였다. 또한 성경교육 과정으로 '성경구락부'를 결성

---

12 부산진교회100년사편찬위원회, 『부산진교회 100년사, 1891-1991』, 212-13.

13 대한예수교장로회 제일영도교회, 『제일영도교회100년사』, 1896-1996 (부산: 육일문화사, 1997), 477.

하고 성경통신학과를 설치하여 일반인에게 전도 사업을 펼치기도 하였다."[14]

　　로마제국에 의한 초대교회의 박해가 교회의 분열과 성장이라는 두 가지 상반된 결과를 초래했던 것처럼, 한국 교회는 한국전쟁이라는 동족상잔의 민족적 비극의 현장에서, 그 마지막 피난처인 부산지역에서, 한국장로교회의 분열이라는 아픔과 더불어, 몰려온 피난민들로 인한 부산경남지역의 교회의 양적, 영적 성장이라는 축복을 동시에 경험하게 된다.

한국전쟁에
유엔군으로 참전한
기독청년들

　　　　　　　　한국전쟁 기록에서 반드시 기억해야만 하는 숨겨진 기독교인들의 이야기가 있다. 바로 미국, 영국, 캐나다, 호주, 뉴질랜드 등지에서 한국전쟁에 참전해 전사한 그리고 지금 부산에 묻혀 있는 기독청년들의 이야기이다. 부산에 있는 세계 유일의 유엔군 묘역인 유엔기념공원(United

---

14　거제기독교선교100주년역사편찬위원회, 『거제기독교 100년사』, 362.

Nations Memorial Cemetery in Korea)에는 2,300명의 한국전쟁 참전 유엔군들이 묻혀 있다.[15] 누군가의 사랑하는 아들이었던 이들이 자신의 집과 조국을 떠나 머나먼 이국땅에 잠들어 있는 것이다. 한국전쟁 당시 가장 대표적인 기독교 국가인 미국과 캐나다는 많은 군인을 파병했고, 많은 희생자들을 냈다. 미국과 캐나다 교회는 한국전쟁을 어떻게 이해하고 있었을까? 전쟁터로 파병되는 젊은 청년과 그들의 가족에게 교회는 한국전쟁 참전에 대해 어떤 의미를 부여했으며, 수많은 전사자들의 가족과 부상자들이 겪는 고통과 아픔을 어떻게 설명했을까?

한국전쟁에는 전투지원 16개국(미국, 영국, 터키, 캐나다, 호주, 프랑스, 네덜란드, 뉴질랜드, 남아프리카공화국, 콜롬비아, 그리스, 태국, 에티오피아, 필리핀, 벨기에, 룩셈부르크)과 의료지원 5개국(노르웨이, 덴마크, 인도, 이탈리아,

---

15 유엔기념공원에는 영국(885명), 터키(462명), 캐나다(378명), 호주(281명), 네덜란드(117명), 프랑스(44명), 대한민국(36명), 미국(36명), 뉴질랜드(34명), 남아공(11명), 노르웨이(1명), 비전투요원(11명), 무명용사(4명) 등 총 2,300명의 한국전쟁 참전 군인들이 묻혀 있다. 가장 많은 인원이 참전했던 미국의 전사자 3,492명의 유해는 모두 미국으로 이장되었으나, 휴전 후 한국에 남아 있던 미군들 중 한국에 안장되기를 희망했던 36명이 유엔기념공원에 잠들어 있다. 유엔기념공원은 1951년 1월 18일 한국전쟁 참전 유엔군 전사자들을 매장하기 위해 유엔군사령부가 조성했고, 1955년 12월 15일 유엔기념공원을 유엔이 영구관리하기로 유엔 총회에서 결의했다. 이후 1959년 11월 6일 유엔기념묘지 운영을 위한 한국과 유엔 간의 협정이 체결되었고, 1974년 2월 16일 관리 업무가 유엔으로부터 한국전쟁 참전 11개국으로 구성된 재한유엔기념공원국제관리위원회(CUMCK)로 위임되었다. 2007년 10월 24일에는 근대문화재 제359호로 등록되었다. 재한유엔기념공원관리처, 「재한유엔기념공원」(팸플릿).

스웨덴)이 유엔군으로 참전한 것으로 알려져 왔다. 하지만 지난 2012년 5월 10일 국방부는 "6.25전쟁 지원국 현황 연구" 포럼을 개최하고, 전투지원 16개국과 의료지원 5개국 외에, 물자복구지원 39개국 그리고 지원의사표명 3개국을 포함해 모두 63개국이 한국전쟁을 지원했다고 공식적으로 발표했다.

한국전쟁 당시 유엔군의 규모와 피해 상황은 자료에 따라 다양하게 나타나고 있다. 국방부 자료에 따르면, 16개 전투지원국에서 연인원 1,938,330명의 유엔군을 파병했고, 미국(1,789,000명)과 캐나다(25,687명) 두 국가에서 총 1,814,687명의 군인들이 참전을 했는데, 이는 전체 한국전쟁 참전 연합군의 94%에 이르고 있다.[16] 게다가 영연방(영국, 호주, 뉴질랜드)을 포함하면, 1,882,888명, 97%를 차지한다. 유엔군의 구성이 미국과 영연방을 중심으로 이루어졌다고 볼 수 있다.

---

[16] 대한민국 국방부, "유엔군 참전 개황(http://www.mnd.go.kr)." 유엔군 참전인원과 피해에 관한 통계가 자료별로 다양한 관계로, 본 장은 국방부 공식자료를 인용했다.

다르게 다가서는 역사

국가	참전 인원	전사/사망	부상	실종	포로
미국	1,789,000	36,940	92,134	3,737	4,439
캐나다	25,687	312	1,212	1	32
영국	56,000	1,078	2,674	179	977
호주	8,407	1,584	1,216	3	26
뉴질랜드	3,794	23	79	1	–
계	1,882,888	39,937	97,315	3,921	5,474

　미군은 전쟁 발발 이틀 뒤인 6월 27일 해군과 공군을 그리고 캐나다는 7월 26일 공군을 시작으로 한국전쟁에 본격적으로 참전하기 시작한다. 당시 가장 대표적인 기독교 국가들인 미국과 영연방 국가들이 한국전쟁 참전 유엔군의 대부분을 차지했다는 사실은, 유엔군의 종교적 성격을 짐작하게 해 준다. 지금도 이들 국가들의 오래된 교회들 예배당 안에는 두 번의 세계대전들과 한국전쟁에서 전사한 교인들의 명단을 게시하고 이들을 추모하고 있는 것을 어렵지 않게 볼 수 있다.

　한국전쟁 당시 유엔은 군사적 지원과 함께 구호활동에도 적극적인 지원을 했다. 1950년 7월 31일 유엔 안전보장이사회는 한국의 구호활동을 지원하기로 결의한 후, 유엔군 총사령부 산하 공중위생후생과(Public Health and Welfare Section)의 책임 하에 구호활동을 전개했다. 전쟁으로 인한 피해자는 전체 인구의 반에 육박했지만, 이들을 위한 구호활동을 할 수 있는 한국 단체들은 찾기 어려웠다. 이로 인해 유엔 회원국들 중 미국, 특히 기독교세계봉사회(Church World Service)를 통한 기독교계의 지원이 지속적으로 광범위하게 이루어졌다.[17]

캐나다연합교회 선교사인 윌리엄 스코트(William Scott, 1886-1979)가 유엔한국재건기관(United Nations Korea Reconstruction Agency)의 1953년 통계를 인용해 기록한 한국전쟁의 피해현황에 따르면, 남한 인구의 3분의 1에 해당하는 총 950만 명의 전쟁 피해자들이 있었다. 또한 그가 인용한 한국기독교협의회(Korean National Christian Council)의 조사에 따르면, 남한에만 207개의 교회가 파괴되었고, 706개의 교회가 피해를 입었으며, 500명의 목회자가 죽임 당하거나 납북되었다. 게다가 516,000명의 아이들을 가진 46,000명의 전쟁 미망인들이 있었으며, 46,000명에 이르는 전쟁고아들의 숫자도 매일 늘어나고 있다고 스코트는 안타까워했다.[18] 이런 상황에서 캐나다연합교회의 지원이 신속하고 적절하다고 스코트는 만족해 했다.[19]

미국 주도의 구호활동은 한국인들에게 긍정적, 부정적인 영

---

17 김흥수, "한국전쟁 시기 기독교 외원단체의 구호활동," 「한국 기독교와 역사」 제23호 (2005.09.), 100. 김흥수는, "기독교세계봉사회는 미국기독교교회협의회에 속한 35개 교파들의 구호활동을 대행했을 뿐만 아니라 세계교회협의회의 구호활동을 대행했기 때문에 전 세계 프로테스탄트 교회의 구호활동을 대변했다고 할 수 있다."고 설명한다. Ibid., 118-119.

18 William Scott, *Canadians in Korea: Brief Historical Sketch of Canadian Mission Work in Korea*(1975), 190-191.

19 Ibid., 191.

향을 끼쳤는데, 구호활동은 전쟁에 지친 한국인들에게 심리적 안정과 희망을 주었고, 또한 구호활동에 한국인이 참여함으로써 사회봉사의 중요성을 깨닫는 계기도 되었지만, 다른 한편으로는 미국에 대한 지나친 기대와 의존으로 인해 한국 교회의 자주성에 부정적인 영향을 준 측면도 부인할 수 없다.[20] 유엔은 한국전쟁 기간 동안 군사적 지원과 함께 구호활동을 활발하게 전개했는데, 미국과 캐나다 정부와 교회의 역할도 여기서 벗어나지 않았다. 즉 북미 교회는 반공산주의를 명분으로 한국전쟁 참전의 당위성을 강조하는 한편, 유엔과 재한 선교사들을 통한 구호사업에 관심을 가졌다.

미국장로교회의 한국전쟁 이해

미국장로교회(Presbyterian Church in the United States of America)의 한국전쟁 관련 자료들은 미국장로교총회록과 총회의 공식기관지인 「프레스비테리안 라이프」(Presbyterian Life)를 참조하려고 한다.[21] 이와 함께 한국전쟁에 대한 재한 미

---

20 Ibid., 120-121.

21 Presbyterian Historical Society, "Presbyterian Church in the U.S.A. Korea

국장로교회 선교사들의 기록 등을 통해서 미국장로교회의 한국전쟁에 대한 공식적인 입장을 연구하려고 한다.

한국전쟁 개전 이후 미국장로교회 총회 해외선교본부는 한국의 상황과 한국선교회의 활동에 대해 총회에 지속적인 보고를 했다. 1951년 7월, 한국전쟁 후 처음 열린 미국장로교회 제163차 총회의회의록에는 한국 상황에 대한 분석과 함께 한국선교 전망에 대해 언급하고 있다. 특히 한국전쟁 직전의 한국사회의 정치사회적 문제가 공산주의자들로 인해 발생했다는 점을 지적하면서, 이들 공산주의자들의 빨치산 활동, 선전활동, 산발적인 테러 등이 주요한 사회 문제들을 야기했다고 분석한다. 게다가 한반도 상황에 대해 한국정부와 일부 미국고문관들은 지나치게 낙관적인 자세가 전쟁을 유발한 측면이 있는데, 그 이유는 북한의 침략이 있을 경우 이를 쉽게 격퇴할 수

Mission(Records, 1940-1982)," Finding Aid to Record Group 197. Record Group 197은 1940-1982년까지 미국장로교회의 한국선교에 관한 기록들이다. 대부분의 자료들은 1950년 이후의 것들이다. 자료들은 복음, 의료, 교육 선교와 관련해 선교사들과 선교본부가 주고받았던 보고서들과 서신들을 포함하고 있다. 한국관련 공식자료목록 서론에 따르면, 본격적인 한국선교는 1884년 알렌(Horace N. Allen, 1858-1932)과 1885년 언더우드(Horace G. Underwood, 1859-1916)의 입국으로 시작했으며, 초기 선교는 평양과 서울 지부(Station)를 중심으로 전개되었고, 특히 미국장로교회는 다른 여러 교파들과 협력 선교를 진행했으며, 1887년에는 첫 조직교회인 새문안교회를 설립했고, 구한말과 일제강점기를 거치며 장로교회는 꾸준히 성장해 왔으나, 한국전쟁으로 인해 교회 성장은 일시적으로 정체했다고 한국선교의 역사를 기록하고 있다.

다르게 다가서는 역사

있다고 과신했기 때문이라고 비판한다.[22]

또한 개전 이후 한국 교회의 상황에 대해서도 언급하며, 북한에서 피난 온 기독교인으로 인해 남한 교회가 급격히 성장했으며, 전쟁의 혼란 속에서도 피난민이 중심이 된 교회 설립과 확산으로 한국 교회는 지속적인 성장을 이루게 되었다고 파악하면서, 하지만 이들 피난민들과 남한교회의 갈등이 일어나고 있다고 염려하고 있다. 한편 한국에 있는 여러 교파 선교회들 가운데 가장 영향력이 있는 미국장로교회 한국선교회가 이러한 문제점들을 해결하기 위해 노력하고 있다고 덧붙인다.[23]

총회보고서에 따르면, 한국전쟁은 한국 정부와 미국 고문관들 모두에게 충격이었다. 한국군은 아무런 준비도 없었기에, 북한군의 탱크 공격 앞에 속수무책이었다. 다행히 유엔군의 참전으로 전세가 바뀌기는 했으나, 중공군의 참전으로 인해 전세는 다시 역전되었다. 대부분의 교회 지도자들은 부산으로 피난갔고, 교회는 파괴되었다. 서울에 남았던 교회 지도자들은 죽임 당했거나 납북되었다. 주목할 점은 유엔군이 평양을 40일간 점령했을 때, 유엔군을 따라 올라간 한국 교회 지도자들과

---

22 Presbyterian Church in the United States of America, *Minutes of the General Assembly of the Presbyterian Church in the United States of America*, Part II(Cincinnati, Ohio, May 24-30, 1951), (Philadelphia: Office of the General Assembly, 1951), 18-19.

23 Ibid., 19-20.

선교사들은 그들의 옛 교인들을 다시 만나는 감격스러운 일을 경험했던 일이다. 공산치하에서 이들 교인들은 고난을 겪었으나, 오히려 그들의 신앙은 성숙해져 있었다고 선교사들은 증언했다.[24]

재한 선교사들의 상황에도 큰 변화가 있었다. 한국전쟁이 일어나자 미국장로교회 선교사 51명과 22명의 자녀들이 대전과 대구를 거쳐 부산으로 그리고 마침내 일본으로 철수했다. 하지만 6명의 선교사는 한국에 계속 남아 피난민들을 돌봤고, 유엔군을 따라 오랜 선교지역이었던 북한지역으로 들어가기도 했다. 선교사들 중 예비역 장교였던 언더우드(Horace G. Underwood 원일한, 1917-2004, 언더우드의 손자)와 마펫(Howard F. Moffett 마포화열, 1917생, 마펫의 넷째아들)은 유엔군을 도왔고, 보켈(Harold Voelkel, 1898-1975)은 한국군을 위한 군목활동을 했다. 한편 일본으로 철수한 선교사들은 재일한국인들의 교회를 돕고, 한국어를 배우며, 다시 한국으로 돌아올 날을 기다리고 있었다.[25]

이듬해인 1952년 뉴욕에서 개최된 제164회 미국장로교회 총회에서는 한국 교회가 처한 상황에 대해 "한국 교회의 힘과 용기와 이타적인 고난은 '사도적(Apostolic)'이라는 말로 밖에는

---

24 Ibid., 21.

25 Ibid., 21-22.

다르게 다가서는 역사

표현할 길이 없다."라고 언급하며 특별한 관심을 가지고 주목한다.[26] 또한 정치적 군사적 이유로 인해 현재 9명의 선교사들만이 제한적인 선교활동을 하고 있고, 나머지 65명의 선교사들은 일본에서 사역 중이거나 미국에서 한국어를 익히고 있으며, 교파 간 협력을 통해 전후 한국의 복구사업을 계획하고 있다는 한국선교회 보고를 받는다. 특히 1952년 9월부터 전쟁으로 인해 팔이나 다리를 잃은 환자들을 치료하고 재활시키기 위한 정형외과 전문의와 간호사들 그리고 의족제작 전문가들이 활동을 할 계획이라는 점도 언급하고 있다.[27]

제164회 총회에는 한국장로교회 총회가 보낸 감사의 글이 전달되었는데, 총회는 편지 내용을 모든 소속 교회들에 전달하고 또한 감사편지에 대한 답신을 한국장로교회에 보내기로 결의한다. 한국장로교회는 감사의 글을 통해, 전쟁의 어려움을 극복하는데 미국장로교회의 형제애가 담긴 기도와 후원이 큰 힘이 되었다고 감사의 마음을 전했다.[28]

서울에 남은 소수의 미국장로교회 선교사들은 피난민 구호

---

26 Presbyterian Church in the United States of America, *Minutes of the General Assembly of the Presbyterian Church in the United States of America*, Part I(New York, New York, May 22-28, 1952), (Philadelphia: Office of the General Assembly, 1952), 179-178.

27 Ibid., 183.

28 Ibid., 284.

활동에 최선을 다했다. 구호를 위한 자금과 물품은 부족했지만, 본국으로부터의 도움을 확신하고 구호활동을 펼쳤다. 물론 미국장로교회 교인들의 후원은 기대했던 대로 이루어졌다.[29] 선교사들은 이러한 후원금으로 목회자들, 전쟁미망인들, 평신도지도자들, 전도부인들, 신학생들을 도왔으며, 피난민 수용소에 초중등학교와 병원 그리고 성경학원을 세우기도 했다. 또한 선교사들은 포로수용소에서 북한군과 중공군에게 복음을 전했는데, 20,000여 명이 예배에 참석했고, 1,500여 명이 새벽기도에 참석했다.[30] 미국장로교회는 한국전쟁이 진행 중인 상황에서도, 한국의 기독교인들을 위한 의료와 교육을 후원하는 일을 멈추지 않았고, 선교사들은 이를 통해 복음전도에 헌신했다. 1952년 선교사들 중 3분의 1은 한국에 있었고, 3분의 2는 일본에 있었다. 일본으로 철수한 선교사들은 한국으로 돌아올 날을 기다리며 재일한국인들을 위해 사역하거나 일본그리스도교회를 돕는 일을 하고 있었다.[31]

한국전쟁 개전 3년째인 1953년에도 미국장로교회의 구호활

29 Presbyterian Church in the United States of America, *Minutes of the General Assembly of the Presbyterian Church in the United States of America*, Part II(New York, New York, May 22-28, 1952), (Philadelphia: Office of the General Assembly, 1952), 17-18.

30 Ibid., 18.

31 Ibid., 20.

동을 위한 후원은 멈추지 않고 계속되었다. 이러한 지속적인 후원은 교육기관과 의료기관들을 정상화하고, 교회들이 안정을 찾는데 큰 힘이 되었다. 하지만 한국 교회가 스스로 자립하고, 떠났던 교인들이 다시 돌아와 교회를 재건할 때까지는 적지 않은 시간이 필요했다. 구호기금은 노인, 전쟁미망인, 고아들을 위해 사용되어졌는데, 그 이유는 젊은이들이 전쟁으로 인해 집을 떠나 있는 동안 많은 노인들이 굶어 죽어 갔고 또한 전쟁미망인들이 먹을 것도 없이 어린아이들을 돌봐야했으며, 부모 없는 수많은 어린이들이 위험에 처해 있었기 때문이었다.[32] 특히 미국으로부터의 물질적 도움도 절대적이었지만, 한번 만나 본 적조차 없는 한국의 형제자매들을 위해 보내온 미국장로교회 교인들의 위로편지는 한국인들뿐만 아니라 선교사들에게도 큰 힘이 되었다.[33]

한국전쟁 휴전 이듬해인 1954년 5월에 개최된 미국장로교회 제166차 총회는 1953년 8월에 결의된 내용이 보고되었는데, 이는 전쟁으로 피해를 입은 한국의 복구사업을 위해 총회 재난구호기금을 조성하는 것이었다. 총회는 특별헌금을 통한

---

32 Presbyterian Church in the United States of America, *Minutes of the General Assembly of the Presbyterian Church in the United States of America*, Part I(Minneapolis, Minnesota, May 28-June 3, 1953), (Philadelphia: Office of the General Assembly, 1953), 20.

33 Ibid., 22.

기금마련을 진행하기로 결의한다.[34] 또한 미국장로교회 해외 선교본부는 한국의 상황에 대해 다소 부정적인 전망을 하며 보고를 마무리한다. 즉 남한은 정치적으로 불안정한 상황이 계속되고 있으며 또한 대부분의 자원이 북한지역에 있어 남한의 경제적인 자립이 쉽지 않을 것이라고 전망하는 한편, 전후 복구사업이 진행될 수 있지만 북한군들이 서울에서 얼마 떨어지지 않은 곳에 있어 불안한 상황은 계속될 것이라고 염려한다.[35]

한편 미국장로교회 총회뿐만 아니라, 교회의 언론매체 역시 한국전쟁 개전 초기부터 관심을 보였는데, 총회와 마찬가지로, 이들 언론들이 한국전쟁 참전과 피해 복구 및 지원에 관심을 가졌던 중요한 이유도 미국 교회와 사회의 반공산주의 정서와 관련되어 있었다. 총회의 공식 언론매체들은 공산주의의 확산을 막기 위한 한국전쟁 참전과 지원을 당연시했으며, 세계 평화와 질서 유지를 위한 미국과 유엔의 역할에 대해 긍정적으로 주목하고 있었다.[36]

---

34 Presbyterian Church in the United States of America, *Minutes of the General Assembly of the Presbyterian Church in the United States of America*, Part I(Detroit, Michigan, May 20-26, 1954), (Philadelphia: Office of the General Assembly, 1954), 253-254.

35 Presbyterian Church in the United States of America, *Minutes of the General Assembly of the Presbyterian Church in the United States of America*, Part II(Detroit, Michigan, May 20-26, 1954), (Philadelphia: Office of the General Assembly, 1954), 20.

36 "The World Scene: The Stand Is Taken" *Presbyterian Life*(July 20, 1950), 12.

미국장로교회의 공식기관지인 「프레스비테리안 라이프」는 미국 정부의 입장을 적극적으로 지지하면서, 제3차 세계대전을 막기 위해서라도 미국은 한국전쟁에 적극적으로 개입해야 한다고 주장했다.[37] 또한 「프레스비테리안 라이프」는 개전 초기 한국의 장로교인들과 감리교인들을 비롯한 기독교인들이 공산주의자들의 소위 인민재판을 통해 겪은 고난을 짐작조차 할 수 없다고 지적하고, 기독교인들에게 무자비한 공산주의자들을 비판하면서, 1949년 좌익에게 피살된 언더우드 부인(언더우드 선교사의 며느리인 Ethel Underwood)의 일을 언급한다.[38]

1950년 12월 9일자 「프레스비테리안 라이프」의 사설은 1950년 한 해 동안의 사설들을 요약 정리하는 내용이었는데, 이 사설을 통해 개전 초기 한국전쟁을 바라보는 미국장로교회의 입장을 짐작할 수 있다.

> 하나님의 보호 아래, 미국이 자유세계를 위한 구원의 도구가 되려고 한다면, 미국은 세계를 위한 도덕적 지도력을 받아들여야 한다. 또한 미국은 언제든지 어려움에 처한 다른

---

37 Harold H. Osmer, *U.S. Religious Journalism and the Korean War*(Washington, D.C.: University Press of America, 1980), 31-32.

38 Ibid., 12-13.

나라 국민들을 위한 염려와 사랑을 보여 줄 준비를 하고 있어야 하며, 자국의 이익을 위해서가 아니라 자유를 갈망하는 모든 이들을 위해서 행동해야 한다.[39]

반공산주의 정서는 미국 정치권에 깊이 뿌리내려 있었다. 미국 상원은 반공산주의 활동을 하는 나라들을 돕는 데 12억 달러 이상의 예산을 사용하자는 안에 대한 표결을 66대 0의 압도적인 결과로 통과시켰다. 실제로 미국이 한국전쟁 개전 이틀 만에 미국이 군사적 개입을 한 것은 예상치 않았던 일이었다. 왜냐하면 1950년 1월 12일 미국국무장관인 딘 애치슨(Dean Acheson, 1893-1971)이 내셔널프레스클럽(National Press Club)에서 행한 연설에서 한국을 전략적인 방어선에 포함시키지 않았었기 때문이었다. 이러한 방어 전략에 따르면, 한국에 전쟁이 일어날 경우 한국은 외부의 도움 없이 스스로를 방어해야만 하는 상황이었다. 이러한 미국의 전략은 김일성의 남침 결정에 영향을 미쳤던 것으로 알려져 있다. 그렇기에 한국전쟁 개전 이틀 만에 이루어진 미국의 신속한 개입은 모두에게 놀랄 만한 일이었다.[40]

---

39 Editorial, *Presbyterian Life*(December 9, 1950), 7.

40 Nicholas Fotion, *War and Ethics: A New Just War Theory*(New York : Continuum,

북미연합장로교회(United Presbyterian Church of North America, 1858-1958)의 입장도 다르지 않았다. 기관지인 「유나이티드 프레스비테리안」의 1950년 7월 10일자 사설은 미국과 영연방(영국, 캐나다, 호주, 뉴질랜드)이 주축이 된 유엔군의 참전을 적극적으로 찬성하면서, "〔한국전쟁 참전은〕 전쟁에 참여하는 것이 아니라, 유엔 주도하의 경찰활동에 참여하는 것"이라는 대통령 트루먼 (Harry S. Truman, 1884-1972)의 주장을 인용하면서, 한국전쟁은 러시아의 선동과 지원에 의한 공산주의의 확장을 위한 전쟁이라고 단언한다.[41] 미국 내 기독교단체들의 반응도 이와 다르지 않았다. 1881년에 창설된 세계기독교공려연합회 회장인 다니엘 폴링(Daniel A. Poling)은 "종교와 인종을 넘어 우리 모두는 트루먼 대통령의 반공산주의 활동을 적극적으로 지지해야 한다."고 주장했다.[42]

미국 사회는 공산주의의 확산을 막기 위한 한국전쟁 참전과 구호활동의 필요성에 공감대를 형성하고 있었고, 미국장로교회의 공식적인 입장도 이와 다르지 않았다. 미국이 유엔군의

<hr />

2007), 51.

41 Henry W. Temple, "United States Action on Korea Given General Approval," *The United Presbyterian* (July 10, 1950), 6. 또한 Henry W. Temple, "Russia Charges America with Aggression in Korea," *The United Presbyterian* (July 17, 1950), 6. Henry Temple은 러시아에 대한 부정적인 입장을 한국전쟁 기간 내내 지속적으로 표명한다.

42 Ibid., 7.

참전과 구호활동을 주도했던 이유는 이러한 사회적 분위기에 기초하고 있었다.

캐나다연합교회의
한국전쟁 이해

캐나다 교회의 한국선교는 캐나다장로교회(Presbyterian Church in Canada)에 의해 1898년 공식적으로 시작되었다. 하지만 일제강점기하인 1925년 6월 10일 캐나다장로교회, 감리교회, 회중교회들이 연합해 캐나다연합교회(United Church of Canada)를 형성한 후, 한국선교는 주로 캐나다연합교회에 의해서 진행된다. 연합에 참여하지 않았던 일부 장로교인들은 캐나다장로교회 소속으로 계속 남았고, 이들은 일본으로 건너가 재일한국인 선교를 담당하게 된다.[43] 현재 캐나다연합교회는 캐나다 최대 개신교단으로 남아 있다.

캐나다연합교회사료관에 소장되어 있는 한국전쟁 관련 자료들은 세 부분으로 나눠져 있다. 첫째는 『캐나다연합교회 연

---

43 Ji-il Tark, "The Work of Canadian Missions among Koreans in Japan, Manchuria, and Korea (1898-1942)," in *Christian Presence and Progress in North-East Asia*(Frankfurt : Peter Lang, 2011), 172.

감』(The United Church of Canada Year Book)에 나타난 한국전쟁의 상황
보고와 교회의 입장에 관한 기록이고, 두 번째는 캐나다연합교
회의 기관지인 「옵서버」(Observer)에 게재된 한국전쟁 관련 내용
들이며, 세 번째는 한국전쟁 개전 당시와 전후 복구사업에 관
련된 재한 캐나다 선교사들의 보고서들이다. 이들 자료들을 통
해 캐나다연합교회가 한국전쟁을 어떻게 이해하고 지원했는
지를 알 수 있다.

먼저 『캐나다연합교회 연감』에는 한국전쟁에 대한 캐나다연
합교회의 관심과 재한 캐나다 선교사들의 활동이 소상히 기록
되어 있는데, 주로 이들의 구호활동에 대부분의 초점이 맞춰져
있다. 연감에는 따르면, 1952년 현재 다섯 명의 캐나다 선교사
들이 한국에서 활동하고 있으며, 이들의 주된 사역은 구호활동
이라고 기록하고 있다.[44] 특히 부산, 제주, 거제 등에 있는 수백
만 명에 이르는 전쟁피난민들을 위한 구호활동에 사용되는 자
금과 물품 확보에 캐나다연합교회와 선교사들은 주된 관심을
보였다.[45]

또한 몇몇 캐나다 선교사들은 한국 교회를 도와 한국전쟁으

---

44 United Church of Canada, *The United Church of Canada Year Book*(Toronto: The
United Church of Canada, 1952), 187.

45 Ibid.

로 중단된 대한기독교서회(Christian Literature Society)를 통한 문선 선교를 재개하기 위해 노력했다. 하지만 전쟁으로 인해 모든 도서들이 없어진 상태였다. 이들은 1952년 연말까지 20권 이상의 도서들을 판매하기 위해 다시 인쇄를 시작하고, 특히 크리스마스 시기에는 — 1950년 7월에 발간할 예정이었던 — 어린이들을 위한 잡지를 발간할 계획을 가지고 있다고 보고한다. 한국전쟁으로 인해 한국 교회의 찬송과 교회교육이 중단되지 않았던 것으로 보인다. 오히려 1951년 초부터 판매되기 시작한 2만 권의 합동찬송가(Union Hymnal)가 연말에 모두 판매되었고, 어린이들을 위한 그림성도 1,600부도 모두 판매되어, 이것들을 다시 인쇄해야만 하는 상황이었다.[46]

총회 보고서에 인용된 재한 캐나다연합교회 선교사 윌리엄 스코트의 기록에 따르면, 피난민들이 십자가가 걸려 있는 교회들로 몰리고 있고, 교회는 단지 주일예배를 위한 장소가 아니라, 피난민들이 먹고 자며 하루 24시간 동안 예배가 진행되는 곳이 되었다고 설명한다. 캐나다 선교사들은 특히 어린이 교회교육에 관심을 갖고 지원했다. 피난민들이 살고 있던 교회는 주일에는 예배 공간이었고, 평일에는 교육 공간으로 사용되었

---

46 Ibid.

다. 젊은 청년들이 가르치는 일을 자원했고, 학생들은 흙바닥이나 해변에서 주어온 돌 위에 앉아 수업을 들었다.[47]

캐나다 선교사들은 시청각 기자재들을 들고 피난민들의 정착지역을 돌아다니면 계몽교육 및 선교 활동을 했다. 찬송가 슬라이드를 보여 주면서 함께 찬송하고, 예수 그리스도의 생애에 대한 무성영화도 상영했으며, 한국과 캐나다의 풍경을 보여 주기도 했다. 이와 함께 한국과 세계의 뉴스, 건강 및 위생 교육, 스포츠, 기독교 그리고 유엔의 활동에 대한 영화를 상영하기도 했다. 이러한 활동은 교실, 피난민 천막, 야외 등 기회가 주어지면 장소를 가리지 않고 진행되었다. 약 2시간에 걸친 프로그램이 끝나면 모인 사람들이 진심으로 좋아하며, 선교사들에게 다시 올 것을 요청했다. 그리고 다시 방문했을 때에는 기독교인은 물론이고 많은 비기독교인들도 참여해서 전쟁터 밖의 소식을 접하는 즐거움을 누렸다. 선교사들은 이 프로그램이 전도(evangelism)와 교육(education)에 효과적이라고 믿고 있었다.[48]

재한 캐나다 선교사들은 전쟁피해 구호사업을 진행할 더 많은 선교사들이 절실히 필요하다고 느끼고 있었다. 장기적인 상주 선교활동이 어렵다면, 단기 선교사들의 내한도 필요하다고

---

47 Ibid., 188.

48 Ibid.

본국 선교본부에 요청했다. 만약 가족 문제로 한국에 오는 것을 고민하고 있다면, 다른 선교부의 젊은 선교사들이 하는 것처럼, 가족들은 일본에 두고 한국에서 구호사업을 할 수 있다고 제안할 만큼 구호를 위한 도움의 손길을 시급하게 원했다. 1952년 보고서는, 한국 상황은 캐나다연합교회의 젊은 목회자들에게는 기독교인들로서 그들의 사랑을 보여 주어야만 하는 도전이라고 강조하면서, 한국을 향한 하나님의 부르심에 응답하라고 강권했다.[49]

　　1953년 재한 캐나다 선교사들은 순교한 기독교 지도자들의 부인들과 노인들을 위한 일자리를 찾는 한국 교회의 일에 적극적으로 참여해서 도왔고, 캐나다 선교사 애비슨(Oliver R. Avison, 1860-1956)이 기틀을 마련한 세브란스병원의 의료선교에도 관심을 갖고 참여했다. 특히 전쟁이라는 특수한 상황에서 한국과 유엔 소속 육해공군의 군목들과 군종 병사들의 복음전도 활동이 두드러졌다. 1953년 연감에 수록된 재한 캐나다 선교사들의 보고에 따르면, 이들을 "가장 효과적인 전도역량(one of the most effective evangelistic agencies)"이라고 표현하고 있다.[50]

49　Ibid.

50　United Church of Canada, *The United Church of Canada Year Book*(Toronto: The United Church of Canada, 1953), 184.

　　　　　　　　　　　　　　　　다르게 다가서는 역사

또한 캐나다 선교사들은 거제도의 피난민 교회 지원에 관심을 가졌다. 추운 겨울에도 예배를 드릴 수 있도록 천막 예배당을 보수하는 데 후원했다. 또한 서북지역의 기독교인들이 피난지 부산에 세운 교회들이 많았는데, 선교사들은 돌아갈 고향이 없어진 이들을 돕는 일에도 관심을 가졌다.[51]

복음전도와 기독교 교육을 위한 시청각 교육도 계속 진행되었다. 총회 보고에 따르면, 한 해 동안 116번의 모임을 가졌으며, 111,900명이 참석했다. 거제, 부산, 서울 그리고 전쟁의 최전선까지 찾아가 프로그램을 진행했다. 거제에서는 52회 모임에 49,140명, 부산에서는 65회 모임에 61,130명, 서울과 최전선에는 11,750명이 참석했다. 이 해의 마지막 날에는 부산의 한센환자들을 위해서 교육을 실시했다. 한국인 사역사의 통역과 함께 음악, 풍경, 스포츠 등을 주제로 한 영상들이 상영되었고, 예수 그리스도의 생애에 대한 영상과 함께 캐나다 교회의 인사도 함께 전했다.[52]

피난지의 어린이들을 위한 교육도 멈추지 않았다. 1,412명이 재학 중인 거제도의 6개의 중학교를 돕기 시작했는데, 이들 학교에서는 정규 교과과정과 함께 성경을 가르치며 함께 예배

---

51 Ibid., 185.

52 Ibid.

도 드렸다. 캐나다연합교회의 후원은 교육체계의 확립을 돕고, 경제적 어려움으로 교육을 받지 못하는 어린이들에게 질 높은 교육을 제공했다. 수많은 피난민들이 몰려 있고, 전쟁고아들이 방치되어 있었던 서울의 영등포 소재 초등학교에서도 후원활동을 계속했다. 뿐만 아니라 신학교육 및 고등교육에도 관심을 가졌으며, 캐나다의 선교본부에는 한국의 미래를 책임질 인재들이 유학해 공부할 수 있는 기회를 마련해 달라고 요청했다.[53]

　　1954년 재한 선교사들의 보고에 따르면, 아직도 선교사들의 주요 임무는 구호활동과 복구사업이었다. 여성선교사협회(Woman's Missionary Society), 연합교회해외구호위원회(United Church Committee on Overseas Relief), 해외선교본부(Board of Overseas Missions) 그리고 수많은 캐나다의 개인후원자들을 통해 모금된 선교헌금들이 필요한 개인과 교회의 전후 복구사업을 위해 지속적으로 사용되었다. 무엇보다도 아무런 희망이 없이 역경 가운데 있는 이들에게 신앙의 힘을 전해 주는데 힘을 썼다.[54] 전쟁이 끝난 후에도 캐나다 선교사들은 여전히 한국전쟁의 피난지인 거제와 부산을 위해 일했다. 특히 전쟁 직후 캐나다 온타리오의 30

53　Ibid., 186.

54　United Church of Canada, *The United Church of Canada Year Book*(Toronto: The United Church of Canada, 1954), 208-209.

배에 이르는 결핵환자들을 위한 의료적인 후원에 관심을 쏟았다. 서울의 세브란스병원을 중심으로 결핵환자 치료와 예방 활동을 도왔다. 이밖에도 교육, 교회 복구, 시청각 교육 등도 계속 진행했다.[55]

또한 1829년에 창간된 캐나다연합교회의 공식 기관지인 「옵서버」(*Observer*)에도 한국 상황에 대한 선교사들의 증언과 독자들의 반응들이 나타나 있다. 한국전쟁이 발발한 직후 1950년 7월 15일자 「옵서버」에는 다음과 같이 한국전쟁에 대한 안타까움을 표현한다.

> 전쟁은 정말 끔찍한 일이다. 두 번의 세계대전을 겪은 우리에게는 더 언급할 필요조차 없다. 전쟁이 한번 시작되면 언제 끝날지 아무도 알 수 없다. 한국에서 시작된 이 전쟁이 다른 나라들로 확전되지 않고 속히 끝나기만을 우리 기독교인들은 소망할 뿐이다. 하지만 현재 한국에서 일어난 전쟁에 대해 누구도 장담할 수 없는 상황이다. … 한국전쟁의 발발로 인해 캐나다연합교회 해외선교본부는 재한 캐나다 선교사들이 일본으로 피난하는 것을 허가했다.[56]

---

55 Ibid., 210–211.

56 United Church of Canada, *Observer*(1950.07.15.), 4.

한국전쟁 발발 직후인 1950년 7월 8일부터 15일까지 토론 토에서 개최된 세계교회협의회(World Council of Churches) 임원회 의 결과를 「옵서버」는 자세히 소개한다. 세계교회협의회 임원 회는 한국전쟁에 대한 전 세계 기독교인들의 주의를 촉구하는 한편, 한국 기독교인들에게 위로와 염려의 내용이 담긴 편지를 보내기로 했으며, 또한 "한국 상황과 세계질서(The Korean Situation and World Order)"라는 제하의 공식성명을 통해 세계교회협의회 는 유엔에 대해 북한의 남침을 저지하기 위한 즉각적인 유엔회 원국들의 군사개입을 요청했다. 또한 이와 함께 토론토 성명은 협상을 통한 해결을 모색해야 한다고 제안했다.[57] 하지만 세계 교회협의회의 토론토 성명은 이해관계를 달리하는 회원교회 들 간의 찬반논쟁을 야기하게 된다.[58]

또한 「옵서버」에는 교회의 공식입장에 대한 일반 평신도들 의 의견들이 자유롭게 게재되어 있다. 공산주의자들로부터 자 유를 지키기 위해, 미국 그리고 유엔과 함께 캐나다도 적극적 으로 싸워야 한다는 장년의 의견도 있고, 자유와 신앙을 위한 한국전쟁 참여는 당연하며 그리고 공산주의 치하에서 사는 것

---

57 United Church of Canada, *Observer*(1950.08.15), 2&21.

58 한국전쟁에 대한 세계교회협의회 회원교회들 간의 논쟁은 김흥수의 "한국전쟁과 세 계교회협의회, 1950-1953." 「한국 기독교와 역사」(2001.02.)를 참조하라.

보다 전쟁이 차라리 필요하다는 청년의 의견도 게재되어 있다. 또한 한국의 비민주적인 정부에 대한 부정적인 언급을 했던 「옵서버」의 사설을 비판하면서, 설령 비민주적인 정부가 한국에 있다하더라도, 공산주의로부터 한국을 지키기 위해서는 평화를 위해 기꺼이 참전해 희생하는 유엔군을 지지해야 한다고 주장하는 의견도 게재되었다.[59] 한국전쟁에 대한 대부분의 독자 의견은 공산주의를 막기 위한 캐나다와 유엔의 참전을 지지하는 내용이 대부분이었다.

한국전쟁 휴전까지, 한국전쟁에 관한 「옵서버」의 언급은 많지 않다. 다만 휴전 직후인 1953년 8월 15일자에 전쟁고아들을 헌신적으로 돕는 캐나다연합교회의 선교사 플로렌스 머레이(Florence Murray, 1894-1975)의 활동을 다루고 있을 뿐이다.[60] 한국전쟁을 바라보는 캐나다 교회의 시각도 반공산주의와 구호활동에 초점이 맞춰져 있었다.

실제로 재한 캐나다 선교사들의 구호활동은 헌신적이었다. 자신들이 사역했던 함경도와 만주 지역으로 갈 수 없었던 이들은 남한 각 지역에서 구호사업을 진행했다. 한국에서 활동하던 재한 캐나다 선교사들은 한국전쟁 발발과 함께 캐나다

---

59 United Church of Canada, *Observer*(1950.10.15.). 29.

60 United Church of Canada, *Observer*(1953.08.15.). 3&17.

로 돌아가거나, 일본에 머물며 전황을 살피고 있었는데, 이들
은 매일매일 한국 소식에 귀를 기울이며, 다시 한국으로 돌아
올 날만을 손꼽아 기다리고 있었다.[61] 한국전쟁이 발발 이틀 후
인 1950년 6월 27일, 재한 캐나다 선교사 에드워드 프래이저
(Edward James Oxley Fraser, 1878-1977)는 여성선교사협회 해외선교부
(Overseas Missions) 총무인 휴 테일러(Hugh D. Taylor)에게 "다섯 명의
여성 선교사들은 배편으로 한국을 떠났습니다. 저도 가능한 한
속히 떠나려고 합니다."라는 짧은 전보를 보내 상황의 급박함
을 알렸고, 휴 테일러는 전문 내용과 함께 이들의 안전함을 여
성선교사협회 회원들에게 전하면서, 아직 한국에 남아 있는 캐
나다 선교사들과 최악의 상황에 처한 한국 기독교인들을 위한
기도를 요청한다.[62]

이들 캐나다연합교회 선교사들은 한국전쟁 휴전 후 다시 내
한하여 구호와 교육사업에 집중한다. 불탄 교회를 지원하고,
전쟁으로 가족을 잃고 생계가 막막한 여성들과 부모를 잃은 전
쟁고아들을 돕는데 힘을 기울인다. 서울 서대문지역에서 사역
하던 아네타 로즈(Annetta Rose, 1895-1975)의 선교보고에 따르면,

---

61 플로렌스 J. 머레이, 『리턴 투 코리아: 머레이 선교사의 의료선교 이야기』(서울: 대한
  기독교서회, 2005), 141-143.

62 여성선교사협회(Woman′s Missionary Society) 소속 회원들에게 보낸 Hugh D. Taylor의
  편지(1950.06.27.).

한 교회는 야학(夜學)을 운영하고 있었는데, 이는 돈이 없어 학교에 가지 못하는 500여 명의 어린이들을 위한 것이었다. 교회는 무료로 교육을 제공했는데, 이들 어린이들의 대부분은 전쟁고아들이었다. 선교보고는 구호물품에 대한 절박한 필요를 언급하고 있다.[63]

캐나다연합교회도, 미국장로교회와 마찬가지로, 공산주의 확산 방지를 명분으로 유엔군의 일원으로 한국전쟁에 참전하는 것을 당연하게 받아들이는 한편, 한국의 전쟁 피해자들을 위한 구호활동에 적극적인 관심을 보이며 참여했다.

한국전쟁과 기독교

한국전쟁을 바라보는 북미 교회의 시각은 북미 정부의 입장과 크게 다르지 않다. 특히 반공산주의를 명분으로 미국 정부는 한국전쟁에 그 어떤 나라들보다 적극적으로 개입했다. 유엔군의 군사적 지원과 구호활동에 있어서도 미국의 영향력은 절대적이었다. 미국 교회도 정치적으로

---

63 Hugh D. Taylor에게 보낸 A. M. Rose의 선교편지(1953.08.20.).

반공산주의 입장을 견지하며, 인도주의적 구호활동에 적극적으로 참여했다. 미국은 가장 많은 인원이 참전했고, 희생했으며, 가장 많은 양의 구호물자를 지원했다.

캐나다 정부와 교회의 경우도 미국과 다르지 않았다. 캐나다 정부는 미국의 영향을 받으며 '비독자적인' 외교노선을 유지했다고 평가받는다. 또한 미국 주도하의 유엔군에 같은 영연방 국가들인 호주나 뉴질랜드에 비해 처음에는 소극적으로 참여했던 캐나다군은 "영국의 전통과 장비를 갖추고 있었지만 아메리카 대륙의 경제적 통합이라는 분위기 속에서 점점 미국의 장비와 편제의 영향을 받을 수밖에 없었다."[64] 하지만 전쟁의 진행과 함께 캐나다군은 전투에 적극적으로 참여했으며, 적지 않은 희생을 치르게 된다. 한국과 캐나다는 한국전쟁이라는 비정상적인 상황에서 공식적인 외교관계가 시작되었고, 이후 우호적인 양국관계가 지속되어 오늘에 이르고 있다. 지난 2000년에는 공식 수교 50주년을 기념했다. 미국과 비교할 때 상대적으로 이념적인 다양성이 공존했던 캐나다 사회와 교회였지만, 한국전쟁 참전의 당위성과 방식에는 다수가 공감하고 있었음을 공적 자료들을 통해 볼 수 있다.

---

64 김종명, "한국전쟁을 통한 초기 한·카나다 관계," 「법정연구」(1994.02.), 13.

　　　　　　　　　　　　　　다르게 다가서는 역사

미국, 캐나다, 한국 교회는 뚜렷한 반공산주의 정서를 공통적으로 가지고 있었다. 하지만 반공산주의의 배경과 내용은 뚜렷한 차이가 있었다. 미국과 캐나다 교회는 이념적인 반공 정서를 표출하고 있었지만, 한국 교회는 달랐다. 즉 한국 교회의 반공산주의는 체험을 통해 내면화되어 있었다. 서북지역 피난민들은 그들이 공산정권 하의 북한에서 겪었던 어려움으로 인해 깊은 반공산주의적 정서가 내면에 자리 잡혀 있었고, 3개월의 서울 점령 기간 동안 북한군들로부터 고통을 받은 피해자들은 체험적인 반공 정서를 갖게 되었다.[65] 북미 교회의 이념적 반공 정서와 한국 교회의 체험적 반공 정서가 한국전쟁이라는 공간과 시간을 통해 만난 것이었다.

또한 북미와 한국 교회는 모두 기독교적 희생과 박애정신의 실제적인 경험을 한국전쟁을 통해 할 수 있었다. 미국과 캐나다 양국의 기독교인들은 기도와 물질적인 후원을 멈추지 않았으며, 한국전쟁 기간의 미국과 캐나다의 군사적 지원과 구호활동은, 두 나라에 대한 긍정적 이미지를 한국인들 안에 심어 놓았다. 한편 외세 의존적 사회경제 구조의 심화와 미국적인 교회의 신학을 형성시켰다는 비판도 함께 제기되고 있다는 사실

---

65 허명섭, "한국 교회의 한국전쟁 인식," 「성결교회와 신학」(2010. 봄), 86.

도 부인할 수 없다.

　주목할 점은, 한국 교회가 한국전쟁을 통해 새로운 성장의
계기를 마련했다는 사실이다. 한국전쟁을 통해 교회가 겪은 고
난과 박해는 새로운 시작과 도약을 의미했다. 특히 피난지였
던 부산의 기독교 역사는 한국전쟁을 그 성장의 전환점으로 기
록하고 있다. 부산지역 기독교는 자체적인 복음전도를 통한 성
장이 아닌, 외부 특히 서북지역의 수많은 피난민들의 유입으로
인한 교회 성장을 경험하게 된다. 서북지역 중심의 한국 기독
교가 자의가 아닌 전쟁이라는 불가피한 상황에 의해 확산되었
다는 점은 한국전쟁이 한국 교회에 끼친 일면 긍정적인 영향일
것이다. 한국전쟁은 북미와 한국 교회 모두에게 시련을 주었지
만, 다른 한편으로는 불확실하고 불안정한 세상에서 신앙인들
의 신앙심을 더욱 깊게 만들어, 새로운 교회의 성장과 성숙의
계기를 만들어 주었다.

한국전쟁의
마지막 피난처
부산

　　　　　　　　한국전쟁의 마지막 피난처 부산에

　　　　　　　　　　　　다르게 다가서는 역사

는 유엔군으로 참전한 2,300명의 젊은이들이 오늘도 조용히 잠들어 있다. 한국전쟁의 일시적인 피난처가 이들에게는 영원한 안식처가 되었다. 누군가의 사랑하는 아들이었을 이들 젊은 인생들은 반공산주의와 자유 수호라는 이념적 거대 명분과 인도주의적 구호활동이라 보편적 인류애에 가려져 드러나지 않고 있다.

미국과 캐나다 교회는 공산주의의 위협 속에서 한국전쟁 참전을 당연하게 받아들였고, 이에 대한 인적, 물적 지원을 아끼지 않았다. 하지만 한국전쟁은 오히려 이름 없는 수많은 희생자들, 전쟁미망인들, 고아들의 눈으로 바라볼 때만이 그 본질에 다가갈 수 있다. 미국과 캐나다 교회의 한국전쟁에 대한 공식적인 입장에는 철저한 반공산주의 정서도 있고, 구호활동을 위한 헌신적인 노력도 있다. 하지만 이들 자료들에서 희생자들에 대한 세밀한 배려를 찾아보기 힘들다는 점은 안타까운 발견이었다.

정당한 이념일지라도 폭력적인 전쟁을 결코 정당화하거나 합리화할 수는 없다. 그리고 아무리 헌신적인 구호활동일지라도 전쟁의 상처를 온전히 치료할 수도 없다. 비폭력운동가 마틴 루터 킹(Martin Luther King, Jr., 1929-1968)의 기념관 입구에는 "이제는 더 이상 폭력과 비폭력의 문제가 아닙니다. 비폭력이 아니면 우리들은 아무런 존재 의미가 없습니다(It is no longer a choice between violence and nonviolence; it's nonviolence or nonexistence.)."라는 그의 비폭력 정신이 새겨져 있다. 작지만 소중한 생명을, 예수 그리스도가 아닌, 다른 어떤 것을 위해서 희생하도록 권유하거나 혹은 그 희생에 침묵할 수 있는 어떤 명분도 교회 안에는 없다.

다르게 다가서는 역사

참고문헌

김종명. "한국전쟁을 통한 초기 한·카나다 관계," 「법정연구」 (1994.02.).

김흥수. "한국전쟁과 세계교회협의회, 1950-1953," 「한국 기독교 와 역사」(2001.02.).

_____. "한국전쟁 시기 기독교 외원단체의 구호활동," 「한국 기독 교와 역사」(2005.09.).

대한민국 국방부. "유엔군 참전 개황(http://www.mnd.go.kr)."

머레이, 플로렌스 J. 『리턴 투 코리아: 머레이 선교사의 의료선교 이야기』, 서울: 대한기독교서회, 2005.

여성선교협회(Woman′s Missionary Society) 소속 회원들에게 보 낸 Hugh D. Taylor의 편지(1950.06.27.).

재한유엔기념공원관리처. 「재한유엔기념공원」(팸플릿).

허명섭. "한국 교회의 한국전쟁 인식," 「성결교회와 신학」(2010. 봄).

"Editorial." *Presbyterian Life*(December 9, 1950).

Fotion, Nicholas. *War and Ethics: A New Just War Theory*. New York: Continuum, 2007.

Osmer, Harold H. *U.S. Religious Journalism and the Korean War*. Washington, D.C.: University Press of America, 1980.

Presbyterian Church in the United States of America. *Minutes of the General Assembly of the Presbyterian Church in the United States of America*. Part II. Cincinnati, Ohio, May 24-30, 1951. Philadelphia: Office of the General Assembly, 1951.

_____. *Minutes of the General Assembly of the Presbyterian Church in the United States of America*. Part I. New York, New York, May 22-28, 1952. Philadelphia: Office of the General Assembly, 1952.

_____. *Minutes of the General Assembly of the Presbyterian Church in the United States of America*. Part II. New York, New York, May 22-28, 1952. Philadelphia: Office of the General Assembly, 1952.

_____. *Minutes of the General Assembly of the Presbyterian Church in the United States of America*. Part I. Minneapolis, Minnesota, May 28-June 3, 1953. Philadelphia: Office of the General Assembly, 1953.

_____. *Minutes of the General Assembly of the Presbyterian Church in the United States of America*. Part I. Detroit, Michigan,

May 20-26, 1954. Philadelphia: Office of the General Assembly, 1954.

_____. *Minutes of the General Assembly of the Presbyterian Church in the United States of America*. Part II. Detroit, Michigan, May 20-26, 1954. Philadelphia: Office of the General Assembly, 1954.

Presbyterian Historical Society. "Presbyterian Church in the U.S.A. Korea Mission." Records, 1940-1982. Finding Aid to Record Group 197.

Rose, A. M. Mrs. Taylor에게 보낸 선교편지(1953.08.20).

Temple, Henry W. "United States Action on Korea Given General Approval." *The United Presbyterian*(July 10, 1950).

_____. "Russia Charges America with Aggression in Korea." *The United Presbyterian*(July 17, 1950).

"The World Scene: The Stand Is Taken." *Presbyterian Life*(July 20, 1950).

Scott, William. *Canadians in Korea: Brief Historical Sketch of Canadian Mission Work in Korea*. 1975.

Tark, Ji-il Tark. "The Work of Canadian Missions among Koreans in Japan, Manchuria, and Korea(1898-1942)." in *Christian*

Presence and Progress in North-East Asia. Frankfurt: Peter
Lang, 2011.

United Church of Canada. Observer(1950.7.15).

_____. Observer(1950.8.15.).

_____. Observer(1950.10.15.).

_____. Observer(1953.8.15.).

_____. The United Church of Canada Year Book. Toronto: The
United Church of Canada, 1952.

_____. The United Church of Canada Year Book. Toronto: The
United Church of Canada, 1953.

_____. The United Church of Canada Year Book. Toronto: The
United Church of Canada, 1954.

8

이단의 요람 부산

부산은 한국 복음화와 1907년 대부흥운동의 '숨겨진 성지'이다.[1] 그 이유는 첫째, 복음전파를 위해 한국을 찾아온 선교사들이 제일 먼저 그 첫발을 내디딘 땅이 부산이기 때문이다. 알렌, 언더우드, 아펜젤러를 포함한 대부분의 초기 선교사들이 가장 처음 접한 조선의 산하가 바로 부산이었으며, 그렇기에 한국 복음화를 위한 그 첫 이야기가 시작되는 곳도 부산이다. 하지만 서울의 중요성이 강조되어 온 기존의 한국교회사 서술에서 부산은 제물포와 서울의 그늘 아래 '숨겨진 성지'가 되어 왔다. 둘째, 부산은 1907년 평양대부흥운동의 '숨겨진 성지'이다. 그 이유는 부산에서 하디 선교사의 부흥 이야기가 시작되었기 때문이다. 부산에서의 하디의 고난과 좌절의 경험은 1907년 평양대부흥운동의 작은 불씨였다. 이러한 점에서 부산은 한국 복음화와 대부흥운동의 숨겨진 성지라고 할 수 있다.

---

1 이 글은 "부산, 기독교의 성지인가, 이단의 요람인가?(「부산장신논총」, 2007)"를 편집, 보완한 것이다.

다르게 다가서는 역사

외국계 이단들의
전래지 부산

하지만 부산은 이렇듯 숨겨진 성지로서의 자긍심과 함께 한국 교회가 현재 씨름하고 있는 대표적인 이단운동들이 발흥한 곳이라는 불명예도 동시에 가지고 있다. 아래의 예들처럼 한국전쟁을 전후로 하여 부산은 한국 교회 이단운동의 요람이 되고 있다.

부산은 먼저 외국계 이단들의 주요한 전래지이다. 예를 들면, 가장 대표적인 미국계 이단인 예수그리스도후기성도교회(세칭 몰몬교)가 처음 포교되기 시작한 곳도 부산이었다. 한국전쟁으로 인해 한국을 찾아온 미국 군인들 중에 몰몬교인들이 있었고, 이들의 포교로 인해 부산에서 몰몬교의 첫 모임이 시작되게 되었다. 2005년에는 이를 기념하기 위하여 몰몬교의 최고 지도자들이 참석한 가운데 몰몬교 한국 전래 50주년 행사가 성대하게 열렸다.

한국전쟁 시기에 포교를 시작하여 그 교세가 지속적으로 성장해 오고 있는 몰몬교는 가장 미국적인 종교로 인식되고 있다. 그 이유인지는 몰라도 몰몬교는 미국의 보수적인 지역을 중심으로 지난 200여 년 동안 꾸준히 성장해 왔고, 또한 미국의 정치·문화적 영향을 받는 나라(독일, 일본, 필리핀, 한국 등)와 백인우월주의 경향이 있는 나라들(호주, 뉴질랜드, 남아프리카공화국)에서 성공적으로 포교가 되고 있다. 우리 주변에서 유창한 한국말과 함께 검은색 명찰을 달고 두 사람이 짝을 이루어 다니며 영어공부를 통해 우리 젊은이들에게 접근하고 있는 몰몬교의 젊은 자비량 선교사들의 모습을 쉽게 볼 수 있다.

이러한 성장에 근거하여, 몰몬교 안팎의 종교사회학자들은 몰몬교가 기독교 관련성을 주장하는 것을 넘어서서, 이제는 하나의 종교(a religion)로서 자신의 정체성을 새롭게 정립해야 한다고 자신 있는 주장을 하기에 이르렀다. 하지만 몰몬교의 지도자들은, 정통 교회와의 심각한 교리적·실천적 차이에도, 자신들이 기독교의 정통성을 잇고 있는 "하나의 참된 예수 그리스도의 교회"라고 주장하고 있다. 여기에 우리가 몰몬교를 이단으로 규정할 수밖에 없는 이유가 있다. 그럼에도 몰몬교를 접할 때마다 항상 씨름하는 문제가 있는데, 바로 그들의 "가정중심의 생활" "사회봉사 강조" "윤리적 엄격함"에 대한 철저한 교리와 실천이다. 최근의 한국 사회가 급격히 상실해 가는 이러한 주제들에 대한 강조를 통해 몰몬교는 꾸준히 기성 교회에 도전하면서 자신들의 영향력을 확대해 나가는 한편 사회적 공신력도 얻어 가고 있다. 미국 내의 몰몬교도 집중 거주지는 이혼율이 가장 낮고, 출산율이 가장 높은 지역들이라는 것이

다르게 다가서는 역사

이를 입증하고 있다.

국내 이단들의

요람 부산

　　　　　　　　　　부산은 많은 국내 이단들의 요람
이다. 가장 대표적인 한국 이단 운동인 세계평화통일가정연합
(세칭 통일교)이 시작된 곳도 부산이다. 서북지역에서 피난 온 문
선명이 통일교의 경전인 『원리강론』의 틀을 잡은 곳도 그리고
통일교회(당시 세계기독교통일신령협회) 설립을 준비한 곳이 바로 부
산이었다. 그렇기에 전 세계적으로 많은 부동산(성지)을 소유
하고 있는 통일교는 부산 범내동의 통일교 거점을 "본성지(本
聖地)"라고 부르며 성역화하였고, 문선명이 한국전쟁기간 동안
머물렀던 부산의 범냇골은 모든 통일교인들에게 손꼽히는 순
례지가 되어 오고 있다. 이곳에는 통일회관 건물, 통일교가정
교회, 범냇골기념관 등과 함께 문선명이 그 당시 살면서 활동
했던 장소들을 성역화해 놓았다. 예를 들면, "눈물의 바위"라
는 곳이 있는데, 이곳은 문선명이 피난지 부산을 내려다보며
눈물로 기도했다는 장소를 기념하여 조성되었다. 범냇골 산 정
상에는 태극기와 통일교 깃발이 함께 휘날리고 있고, 세계 각

지의 통일교 신도들이 성지순례를 위해 이곳 본성지를 찾아오고 있다.

부산을 시작으로 통일교는 세계 곳곳에 성지를 개발해 오고 있다. 국내에는 최근 경기도 가평군 설악면 송사리에 통일교의 성지를 조성하였다. 2001년 7월 기공식 이후 이곳에는 문선명 부부가 사후에 머물게 된다는 대지 12,000평, 연건평 9,200평 위에 지상 4층, 지하 2층의 본관과 지상 2층, 지하 2층의 별관으로 구성된 천정궁을 비롯하여, 천주청평수련원, 청심국제중고등학교, 청심신학대학원, 청심유치원, 청심병원, 청소년 수련원인 청아캠프, 실버타운인 청심빌리지, 직원숙사인 청아빌라 등이 들어서 있다.

또한 통일교는 기독교의 성지 여수의 화양지구를 개발하고 있다. 이 사업은 전라남도 여수시 화양면 일대 약 300만 평 부지 위에 해양관광단지를 조성하는 사업이다. 골프장, 호텔, 콘도, 카지노, 세계민속촌, 마리나 시설 등이 세워질 계획이며, 특히 여수시 소호동 산99번지 3만여 평에는 여수 오션 리조트 특구의 건설을 진행되고 있다. 이를 위해 사전 정지작업 차원에서 통일교와 여수시가 공동 주최하는 여수엑스포국제마라톤대회 등의 스포츠 문화 행사들이 지속적으로 개최되고 있다. 통일교는 부산을 시작으로 한반도를 그들의 성지로 만들어 가

다르게 다가서는 역사

고 있다.

최근 이단들의
진원지, 부산

현재 한국 교회가 씨름하는 많은 2세대 이단 운동들이 이 지역에서 시작되었다. 대표적으로는 안식교 계열의 이단 운동으로 최근 급성장하며 주목받고 있는 하나님의교회 세계복음선교협회(세칭 안상홍증인회)가 있다. 이 단체의 창교자이며, 선지자, 재림 예수, 하나님으로 여겨지는 안상홍은 1964년 부산 해운대에서 포교를 시작하였다.

하나님의교회는 우리 교회의 주기도문과 비슷한 하나님의교회 기도문을 가지고 있다. 그 내용은 다음과 같다.

> 하늘에 계신 아버지 안상홍 님, 아버지께서 강림하실 날은 임박하였사오나 우리들은 아무 준비도 없사오니 아버지여! 우리를 불쌍히 여기시고 아버지의 성령으로 말미암아 우리를 거듭나게 하사 아버지 강림하실 날에 부족함이 없이 영접하게 하여 주옵소서. 아버지, 안상홍 님의 이름으로 간구하옵나이다.

우리의 실소를 자아내는 이러한 종교생활에도 이들은 대단한 교세를 자랑하고 있고, 한국 사회는 안상홍증인회의 존재에 대한 문제제기를 하지 않는다. 그것은 그들의 활발한 사회봉사 활동이 있기 때문이다. 이들은 오히려 중앙정부로부터 대통령 표창과 국무총리 표창 등을 받고 있다.

불교 인구가 반을 넘는 부산지역에서 정통과 이단의 구분은 무의미해 보인다. 비기독교인들에게 정통과 이단의 구분은 개신교 내의 세력다툼으로 비추어질 수 있다. 이를 알고 있는 이단들은 더 이상 교회의 교리적 인정을 받으려고 애쓰지 않는다. 오히려 사회의 공신력을 얻고 교세를 확장시켜 나아가는 것이 훨씬 더 효율적이라는 것을 잘 알고 있기 때문이다.

하나님의교회 신학원 교과과정에는 이단관련 과목이 있는데, 총 이수해야 할 학점이 40학점이며, 그중 20학점이 개신교에 관한 것이다. 그들의 눈에는 개신교가 이단인 것이다. 또한 안상홍증인회는 부설 샛별선교원을 운영하여 아이들에게 교리교육을 시키고 있는데, 그들이 가르치는 "하나님의 은혜"라는 찬송에서는, "우리 교회보다 더 좋은 교회 있으면 나와 보세요. … 십자가 세우지 마세요. 일요일도 거짓말예요. 우리는 이 세상 교회 없는 어머니도 있죠. 우리의 구원자 안상홍 님도 계시답니다. 안!상!홍!님! 믿어야 하늘나라 가죠."라는 믿기 어려운 안상홍에 대한 신격화의 내용들이 담겨 있다. 주 5일제 근무를 목전에 둔 지금 교회교육 차원에서의 대안 마련이 시급한 형편이다. 더 많은 경제력과 조직력을 가진 이단 사이비 단체들에게 우리의 자녀들이 무방비로 노출되어 있기 때문이다.

이 밖에도, 1954년 계정열이 산성기도원을 시작한 곳도 부산시 동래구 온천동이었으며, 1958년 여호와새일교단의 이유성이 신비체험을 통해 포교를 시작한 곳도 부산 영도였다. 1970년 한국예수교전도관부흥협회(세칭 전도관, 현 천부교)의 박태선이 그 세력을 새롭게 재정비한 곳도 부산(경남 양산군 기장면 죽성리)이었으며, 최근 논란의 대상이 되고 있는 류광수의 다락방 운동도 부산 영도가 출발지였다. 게다가 일본계 신흥종교인 천리교의 본부도 부산 영도에 있었다. 이러한 점에서 부산의 초기 선교사들의 거점도 부산 영도의 하디 선교사의 거처였다는 점은 역사의 아이러니라고 할 수 있다. 대표적인 부산경남지역 선교의 거점과 이단의 발흥지가 동일한 장소였던 것이다.

한국 이단 운동이
부산에서 발흥하는 원인

이처럼 부산은 한국이단 운동이

발흥하는 옥토가 되었을까? 그 원인에 대한 구체적인 선행연구가 진행되지는 않았다. 하지만 이러한 발흥의 원인이 부산지역의 다양한 사회문화적 배경과 관련이 되어 있다는 가능성을 엿볼 수 있는 주변 연구를 통해 그 원인을 분석해 볼 수 있다.

논의에 앞서, 흥미로운 사실 하나는, 미국에도 부산과 유사한 성격을 가진 지역이 있는데 바로 미국 서부의 캘리포니아이다. 미국의 대표적인 신흥종교운동 연구기관 중의 하나인 UCSB(University of California, Santa Barbara)의 종교연구센터(The Center for the Study of Religion)의 연구 결과는, 캘리포니아가 새로운 종교운동의 발흥지가 될 수 있었던 이유에 대해, 첫째, 다양한 교파의 존재로 인해 특정 종교의 우위성을 주장하기 어려웠고, 둘째, 개척지로서 지속적으로 새로운 문물이 교류가 되었으며, 셋째, 상대적으로 안정적인 동부의 초기 정착자들과는 달리, 새로운 가능성과 꿈을 찾아 서부로 모여든 모험적인 개척자들이 거주했던 캘리포니아의 사회문화적 조건들이 이곳을 신흥종교운동의 천국으로 만들었다고 분석하고 있다.[2] 즉 다양한

---

2 "California represented a kind of paradise where the religious perfection they sought could more easily be realized. Certainly, as we shall see, almost all of these religious groups quickly gained a foothold in the sundrenched cultural environment of California." John K. Simmons and Brian Wilson, *Competing Visions of Paradise: The California Experience of Nineteenth-Century American Sectarianism*(Santa Barbara, CA: Fithian Press, 1993), 10.

다르게 다가서는 역사

교파주의로 인해 새로운 종교운동의 시작이 용이했으며, 새로운 문물의 교류는 새로운 종교운동의 발흥이 부정적으로 주목받지 않도록 도와주었으며, 전통적인 기독교가 주류였던 동부와는 달리 서부의 개척자들은 새로운 종교를 쉽게 받아들일 수 있는 모험적인 개척정신의 소유자들이었기 때문이었다.

또한 이 연구는 신흥종교운동들이 문화와 지역적 차이에도, 보편적인 종교적 특성들을 지니고 있음을 또한 보여 주고 있다. 즉 캘리포니아 지역의 신흥종교운동들에 대한 연구를 위해 설정한, "예언자(prophet)," "약속(promise)," "계획(plan)," "가능성(possibility)," "장소(place)" 등의 다섯 가지 연구 영역에 대한 연구를 통해, 모든 종교운동의 시작은 예언자(prophet)를 필요로 하며, 이 예언자는 사람들에게 새로운 약속(promise)과 이 약속의 실현을 위한 구체적인 계획(plan)을 제시하며, 이 종교운동의 성패의 가능성(possibility)은 주변 사회적 환경에 의해 영향을 받으며, 마지막으로 이 종교운동은 그들의 교리를 자유롭게 실천할 수 있는 장소(place)를 필요로 한다는 사실을 발견한다.[3]

이러한 연구 영역은 한국의 신흥종교운동 연구에도 적용될 수 있다. 해방 후 본격화 된 한국신흥종교운동 연구에 있어서

---

3 Ibid., 9-21.

전북대학교 철학과 교수였던 이강오의 연구결과가 단연 돋보인다. 이강오는 전라북도를 중심으로 지역 신흥종교운동에 대한 연구에 평생을 바쳤고, 마침내 1992년『한국신흥종교총감』이라는 책을 발간함으로써 한국신흥종교 연구의 한 획을 그었다. 그 이유는, 그가 한 지역의 신흥종교운동에 대한 연구를 한 것이지만, 놀랍게도 그 유형 분류와 개념화에 있어서, 유럽과 북미의 종교사회학자들이 한 세기에 걸쳐 연구해 온 그 논의의 수준을 넘어서는 탁월함을 보여 주고 있었기 때문이다. 그의 연구는 가장 한국적인 연구가 가장 세계적일 수 있다는 실례를 보여 준다. 이강오는 가장 먼저 한국 신흥종교운동의 메카인 대전의 계룡산과 전주의 모악산에 모여 지상천국을 소망하던 "유사종교단체"들에 대한 연구를 시작한다. 이강오는 이들의 경전들은 물론이고, 직접적으로 교주들과 신도들을 만나 그들의 교리와 생활을 연구하였으며, 그의 연구의 객관성을 위해서 이탈자들을 만나 인터뷰도 하였다. 이강오에 따르면, 그는 30여 년에 걸쳐 340여 개의 신흥종교단체를 조사하였고, 이러한 연구의 결과물이 바로『한국신흥종교총감』인 것이다. 이강오는 이러한 신흥종교운동들의 유형을 창교형, 개조형, 분파형, 조합형, 기업형(위조형)으로 분류하는데, 이러한 이강오의 분류법은 놀랍게도 서양의 종교학자들의 한 세기에 걸친 논의를 뛰어

다르게 다가서는 역사

넘는 훨씬 다양하고 정확한 분류법인 것을 발견할 수 있다. 그렇다면 미국의 캘리포니아처럼, 과연 한국의 부산이 한국이단운동의 발흥에 있어서 비옥한 땅이 될 수 있었던 이유는 무엇일까?

부산,
불교의 땅

　　　　　무엇보다도 부산지역이 대대로 불교가 강성한 '불교의 땅'이었다는 점이 한 원인으로 고려될 수 있다. 즉 유럽의 다양한 인종과 문화에 기초한 교파주의가 미국에 정착한 후, 그 어떤 교파나 종파도 상대적 우월성을 갖기 어려웠던 개척시기가 다양한 기독교계 신흥종교운동들의 발흥에 있어서 옥토가 되었다는 사실을 보았다. 이처럼 역사적으로 불교가 강성한 '불교의 땅'이었던 부산에, 한국전쟁으로 인해 부산을 찾아온 다양한 기독교 교파들은 발흥하는 기독교계 신흥종교운동들에 대해 교리적인 정통성을 주장하거나 그들의 활동을 이단으로 규정하여 제한할 만한 영향력이나 공신력을 갖지 못했던 것이다.

대구경북지역을 유교의 땅이라고 한다면 부산경남지역은

불교의 땅이라고 해도 과언은 아니다. 불국사, 해인사, 통도사, 범어사 등의 크고 작은 불교사찰이 밀집되어 있는 지역이고, 1999년 현재 통계청 자료에 따르면 부산의 불교 인구는 41.9%(전국 26.3%, 2005년 22.8%)로 개신교의 12.1%(전국 18.6%, 2005년 18.3%)와 천주교 4.5%(전국 7.0%, 2005년 10.9%)에 비해 교세에 있어서 압도적인 상대적 우위를 보여 주고 있다.[4] 지금도 곳곳에 스며들어 있는 불교문화, 승복을 입고 거리를 오가는 승려와 독실한 불교신자들 그리고 사찰에서 운영하는 다양한 사회복지 단체들의 활발한 활동을 어렵지 않게 찾아볼 수 있는 곳, 이곳 부산경남지역이다.

반면 부산경남지역의 기독교 교세는 다른 지역에 비교하여 상대적으로 열악한 편이다. 부산지역 2000년 현재 총 인구수가 3,655,437명인 점을 감안할 때, 기독교인의 수는 약 225,994명으로 부산 전체 인구의 약 6%를 차지하고 있으며, 경남지역 2000년 총 인구수가 2,970,929명인 점을 감안할 때는, 기독교인의 수가 약 136,259명으로 경남 전체 인구의 약 5%를 차지하고 있는 것을 볼 수 있다. 1995년 전체 인구 44,553,710명 중에서 기독 교인의 비율이 약 19.6%인 것

---

4 대한민국 통계청(www.nso.go.kr).

다르게 다가서는 역사

을 감안하면, 부산경남지역의 기독교인의 비율이 상대적으로 매우 낮은 것을 알 수 있다.[5]

불교의 압도적인 강세를 보여 주는 부산경남지역에서 교회와 이단은 모두 소수자들일 뿐이다. 기독교의 영향력이 강한 지역에서는 기독교계의 새로운 종교운동들이 발흥하기 어려운 점이 있지만, 이곳 '불교의 땅'에서는 교회이든 이단이든 소수의 새로운 종교운동인 것이다. 나아가 '불교의 땅'에서 교회 성장과 교파주의에 주된 관심을 갖고 있는 기독교의 교리적인 정통성은 이해받기 어려운 반면에, 기독교계 신흥종교운동은 '불교의 땅'에서의 자유로운 종교 활동을 위한 사회봉사활동을 통해 그들의 영향력을 확대해 나아갈 수 있었다. 최근 이단단체들의 특징이 사회봉사인 이유가 바로 이것이다. '불교의 땅'에서는 정통과 이단이 중요한 것이 아니라, 누가 더 '불교의 땅'에서 사회적인 순기능을 하느냐가 관심이기 때문이다.

---

5 부산광역시청 2000년 종교단체별 통계(www.busan.go.kr). 그럼에도 1950년 말 당시 부산에 교회가 49개, 교역자가 목사 10명, 전도사 23명, 총 33명이었던 것이 2000년 현재 교회가 1,492개 그리고 교역자가 3,951명인 점을 감안하면, 부산경남지역의 교회는 한국전쟁 이후 인구 증가와 함께 꾸준히 성장해 오고 있는 것을 알 수 있다.

부산,

교류의 땅

　　　　부산지역은 오래전부터 외국과의 교류가 활발한 '교류의 땅'이었다는 사실이 또한 고려될 수 있다. 역사적으로 자발적인 무역과 문화교류가 추진되기도 하였지만, 때로는 외세의 침략을 통한 강제적인 교류가 이루어졌던 지역이었다. 이로 인해 새로운 문물과 사상이 자의 반 타의 반으로 활발히 교류되던 지역이었고, 지역민은 새로운 것을 시도하는 것에 대한 망설임이나 거부감이 타 지역에 비해 상대적으로 적었다고 볼 수 있다. 이와 마찬가지로 새로운 종교에 대한 선택이 보다 수월했다는 것이 이 지역을 신흥종교운동 발흥의 옥토로 만들게 되었다.

　부산은 오래전부터 외국 특히 일본과의 자발적이거나 강제적인 교류가 활발히 이루어졌던 지역이었다. 지리적으로 일본에 근접해 있었기 때문에, 고려 말부터 부산에는 왜구들이 노략질을 일삼았다. 국력이 강화되었던 조선시대에는 왜구들이 더 이상의 노략질이 어렵게 되자, 평화적인 무역을 요구해 왔고, 조선 정부도 이를 받아들여 1407년에 부산포를 개항하기도 하였다. 이후 한때 중단되기도 하였으나, 1425년 세종 5년에 다시 부산포를 열어 무역을 허가하였다. 이로 인해 중종 때에는 거주하는 일본인 수가 300여 명에 이르러 조선관원들과 잦은 마찰을 받기도 하였다. 이는 연산군 시기에 더욱 심해졌으며, 1506년 중종이 즉위한 후 이들을 엄격히 통제하자 충돌은 더욱 잦아지게 되었다. 이에 불만을 품은 일인들이 1510년 4월 대마도에서 온 일인 4,000명과 합세하여 난을 일으켜, 부산 첨사를 살해하고, 동래성을 포위 공격하여 민가들을 약탈한 사건이 일어나게 되었다. 이로 인해 다시 교류가 단절되었으나 중종 7년 1512년 8월에 임신약조를 체결하여 다시 교류를 재개하게 되었다. 중종 36년 1541년에 왜관이 부산포에 설치되었으며, 이후로 부산포는 일본과의 외교와 교역의 중심이 되게 되었다.[6] 무엇보다도 1592년 4월 13일 발발한 임진왜란으로 인해 부산은 일본의 조선 침략의 교두보가 되었고, 7년 동안의 일본군의 주둔으로 인해 많은 피해와 영향을 받게 된다.

조선시대에 지방에서 활동하는 상인 중에서 개성 상인(송상), 의주 상인(만상) 그리고 부산의 동래 상인(내상)이 으뜸이었으며, 특히 동래 상인은 국내 무역과 함께 왜관(倭館)을 거점으로 활발한 대일 무역을 펼치며 상권을 장악했다. 또한 임진왜란 후에는 왕실에서 사용하는 활을 만드는 재료인 무소뿔이 동래 상

---

6   부경역사연구소, 『시민을 위한 부산의 역사』(서울: 도서출판 선인, 2003), 62-67 참조.

인에 의해 동남아시아로부터 일본을 거쳐 수입되기도 하였다.[7] 그리고 부산은 중국과 일본을 연결하는 중계무역지의 역할도 수행한 곳이었다. 오늘날도 이러한 역할에는 변함이 없다.

1876년 개항을 통해 본격적인 교류가 시작되었으며, 부산은 일본의 나가사키를 거쳐 들어오는 외국인들과의 활발한 교류의 땅이 되었다. 부산의 초량왜관은 일본인들의 거류지가 되었고, 곧 이 지역 정치, 경제, 교통, 문화의 중심지로 자리 잡게 된다. 이곳은 새로운 문화문물이 첫 발을 들여놓는 곳이었으며, 한국 근대화의 시발점이었다.[8]

이처럼 부산은 역사적으로 새로운 문물과 사상이 활발히 교류되던 지역이었다. 이러한 역사의 영향으로 지역민들은 새로운 것에 대한 거부감이 타 지역에 비해 상대적으로 적었다. 따라서 새로운 종교운동에 대한 선택이나 수용이 다른 지역에 비해 상대적으로 수월했으며, 이러한 조건이 이 지역을 신흥종교운동 발흥의 옥토로 만들게 되었다고 볼 수 있다.

---

7   Ibid., 122-126.

8   Ibid., 221.

부산,

피난의 땅

　　　　　부산지역은 한국전쟁의 유일하고
절박한 피난처였다는 이유가 고려될 수 있다. 한국전쟁 당시
삶의 절박함, 가치관의 혼란, 현재와 미래에 대한 실존적인 불
안감이 이 지역 기독교의 뿌리를 내리게 한 중요한 원인이 되
기도 했지만, 다른 한편으로는 기복적인 기독교계 신흥종교운
동 발흥의 중요한 밑거름이 된 것을 또한 부인할 수 없다.

　이러한 신앙공동체의 확립을 통해, 민족 분열과 함께 시작
된 교회 분열, 즉 1951년에 부산경남지역의 출옥 성도를 중심
으로 고려신학교 측이 분열되고, 1953년에는 조선신학교 측의
기독교장로회와 예수교장로회로 분열되는 와중에도 그리고
전국적으로 가뭄과 홍수, 태풍이 만연하고 전염성 질병이 창궐
하고 빈곤을 운명적으로 받아들일 수밖에 없었던 한국전쟁의
시기에도, 부산지역의 교회는 그 성장을 멈추지 않는 영적 힘
을 제공받게 된다.

　실제로 이 시기에 많은 교회가 부산지역에 세워지게 되면
서 피난민들로 인한 양적 성장을 또한 이루게 된다. 대성교회
(1950), 영도교회(1951), 구덕교회(1951), 부산영락교회(1951), 영
도중앙교회(1952), 산성교회(1952), 감만교회(1953), 모라교회

(1951), 양정중앙교회(1951), 연산제일교회(1951), 동래중앙교회
(1954) 등의 많은 교회가 이 시기에 세워진다. 이러한 이유로 인
해, 최근 몇 년 동안, 한국전쟁 50주년과 휴전 50주년을 맞으
면서, 많은 부산지역의 교회가 설립 50주년을 기념하는 것을
쉽게 볼 수 있었다.

부산,
이단 발흥의 옥토

하지만 다른 한편으로는 이러한
부산지역의 사회적 배경은 기독교계 신흥종교운동의 발흥의
좋은 조건이 된 동시에 사회정치적 혼란기에 생성소멸을 반복
해 오는 기독교계 신흥종교운동들의 정치적 성향에 깊은 영향
을 주게 되었다.

첫째, 한국전쟁 시기의 절박한 피난처였던 부산은, 위에서
언급한 것처럼, 삶의 절박함, 가치관의 혼란, 현재와 미래에 대
한 실존적인 불안감이 팽배해 있었다. 이곳의 피난민들은 기존
의 질서를 뛰어넘는 새로운 질서를 소망했으며, 고통스러운 현
재와는 다른 구체적인 세상을 소망하고 있었다. 이러한 점에서
성서의 약속에 새로운 약속, 즉 한국에 메시아가 강림하고 영

원한 지상천국이 건설된다는 약속이, 당시의 기독교계 신흥종교운동들에서 공통적으로 나타나고 있는 것을 쉽게 이해할 수 있다. 사회적 혼란과 불안감이 기복적인 기독교계 신흥종교운동의 발흥의 중요한 밑거름이 된 것이다.

둘째, 한국전쟁으로 인해 한국 포교를 시작한 몰몬교가 강한 반공사상을 견지해 오고 있는 것은 물론이고, 서북 출신 문선명이 세운 통일교의 경우에도 이러한 반공사상이 체계적으로 교리화되어 있다. 피난지에서의 반공산주의는 신흥종교운동의 운명적인 선택이었으며, 그 누구도 거부할 수 없는 신념이 될 수 있었다.

부산에서 그 틀이 잡혀진 통일교의 경전 『원리강론』은 예수님이 재림하실 동방의 나라는 바로 한국이며, 한국은 "하나님이 가장 사랑하시는 일선"인 동시에 "사탄이 가장 미워하는 일선"이라고 주장한다. 또한 한국전쟁은 국토 분단에 기인한 단순한 동족상쟁이 아니라 "민주와 공산 두 세계 간의 대결"인 동시에 "하나님과 사탄과의 대결"이었고, 따라서 북한은 "가인의 후예"이며 "사탄의 세력"이라고 해석하고 있다.

이러한 교리에 근거한 통일교의 반공(反共)이론은 1960년대 베트남 전쟁시기의 미국과 1970년대 군사정권 하의 한국에서 효과적으로 이용된다. 통일교는 반전(反戰)운동의 중심이었던 미국 버클리대학교에서의 과감한 찬전(贊戰)운동을 통해 미국 사회의 주목을 받으며 성장한 후, 이러한 경험을 한국에 그대로 적용한다. 즉 반공을 정권 유지의 수단으로 이용하던 군사정권 하에서 통일교는 반공을 넘어선 승공(勝共)운동을 전개하게 되고, 이에 대한 대가로 군사정권은 통일교의 경제적, 정치적 배려를 하게 되는데, 이 시기에 통일교는 군수산업 등의 참여를 통해 자신들의 경제적 토대를 마련한다.

하지만 통일교의 북한에 대한 적대적(敵對的) 입장은 1991년 문선명과 김일성의 만남을 계기로 급변하게 되고, 현재까지 통일교는 북한에 적극적인 진출하고 있다. 문선명의 80세 생일에는 북한 김정일이 박보희를 통해 생일선물을 전달하는 등 미묘한 '적과의 동침'은 점점 깊어만 가고 있다. 현재의 남북경제협력 수준을 고려할 때, 이미 통일교는 북한에서 그 규모와 내용면에 있어서 남한의 그 어떤 단체들보다도 유리한 고지를 선점하고 있는 것을 알 수 있다. 평안남도 남포시에는 평화자동차총회사 종합공장이 세워져 이탈리아 피아트사 제품의 자동차들이 생산되고 있고, 문선명의 고향인 평안북도 정주에는 정주평화공원이 세워져 전 세계 통일교도들의 성지순례가 이어지고 있으며, 평양에는 통일교의 평양가정교회가 세워져 있다. 통일교의 북한 진출 현황과 비교해 볼 때, 한국 교회의 북한선교 노력은 다소 '낭만적'이며 '고비용 저효율' 단계에 머물러 있으며, 향후 폭넓은 남북 교류가 진행될수록 한국 교회가 겪어야 할 통일교 관련 문제는 점점 복잡해질 전망이다.

이처럼 불교의 땅, 교류의 땅, 피난의 땅 부산은 기독교계 신흥종교운동들이 쉽게 발흥할 수 있는 비옥한 토양을 제공할 수 있었다.

부산,
새로운 소망의 성시(聖市)

"눈을 들어 하늘 보라"라는 찬송의 마지막은 "눈을 들어 하늘 보라 다시 사실 그리스도 만백성을 사랑하사 오래 참고 기다리셔 인애하신 우리 구주 의의 심판 하시는 날 곧 가까이 임하는 데 믿는 자여 어이할고"라는 종말론적 소망을 노래하는 것으로 끝을 맺고 있다. 1952년 한국전쟁의 피난처 부산에서 울려 퍼졌던 이 애통의 찬송과 기도에 대해, 하나님은 그 누구도 예상하지 못했던 은혜의 씨앗을 뿌려 주셨다. 지금도 한없이 미약하나, 한국전쟁을 통해 부산 경남지역 교회가 성장할 수 있는 기초를 놓아 주신 것이었다.

이 시기는 한국 교회가 고신, 기장, 예장으로 나누어지는 아폼을 겪었고 그리고 사회적으로는 전국적으로 가뭄과 홍수나 태풍이 만연하고 전염성 질병이 창궐하고 빈곤을 운명적으로 받아들일 수밖에 없었던 시련의 시간이었지만, 한편 부산지역의 교회는 그 성장을 위한 영적 힘을 바로 이 비극적인 전쟁을 통해서 제공받게 된다. 이 시기에 많은 교회들이 부산지역에 세워지게 되면서 피난민들로 인한 교세의 양적 성장을 또한 이루게 된다. 따라서 한국전쟁 휴전의 희년은 부산지역 기독교의 희년이기도 한 것이다.

하지만 이러한 은혜의 땅 부산은 다양한 기독교계 신흥종교 운동들이 발흥한 영적 전쟁터이기도 하다. 오랜 역사를 통해 그리고 1876년 개항 이후부터는 더욱 활발하게 일본과 서양의 교류가 이루어졌으며, 이로 인해, 국외의 신흥종교들이 처음으로 유입되어 포교되기 시작한 곳이 되었고, 한국전쟁 시기에는 통일교와 같은 한국의 대표적인 기독교 이단의 발흥지가 된 곳이기도 하다. 또한 현재 한국 교회를 어지럽히는 많은 2세대 이단단체 중 여럿이 부산에서 시작되었는데, 이러한 점에서 부산을 국내외 이단의 요람이고 발흥지라고 불러도 과언은 아닐 것이다.

부산은 한국에 복음의 씨앗을 들고 온 초기 선교사들이 첫 발을 내딛은 땅이고, 1907년 대부흥운동의 작은 불씨가 일어

다르게 다가서는 역사

난 땅이다. 반면 부산은 한국에서 활동하는 국내외 이단 운동의 요람이며, 발흥지이기도 하다. 복음 선포가 처음 이루어진 이곳 부산으로부터 다시 부흥의 불길이 일어나, 부산과 이 나라를 거룩하게 만들고 그리고 이를 통해 교회 안팎의 이단들의 도전에 효과적으로 응답하는 새로운 소망이 부산에서 자라나야 한다.

참 고 문 헌

대한민국 통계청(http://www.nso.go.kr).

부경역사연구소. 『시민을 위한 부산의 역사』, 서울: 도서출판 선인,
　　2003.

부산광역시청 2000년 종교단체별 통계(http://www.busan.go.kr).

Simmons, John K. and Brian Wilson. *Competing Visions of Para-
　　dise: The California Experience of Nineteenth-Century Ameri-
　　can Sectarianism*. Santa Barbara, CA: Fithian Press, 1993.

눈에 너무 익숙해 보이지 않는 것들

눈에 너무 익숙해 보이지 않는 것들이 많다. 가족에 대한 사랑, 하루하루의 소소한 행복들, 매일 살아 숨 쉴 수 있도록 해주는 맑은 공기, 보고, 듣고, 냄새 맡고, 맛보고, 느끼는 오감의 오묘함이 고맙게 느껴진다. '눈에 너무 익숙해 보이지 않는 것들'이 문득 '보일 때'마다 하나님의 은혜 말고는 달리 표현할 길이 없다.

만약 서울에 계속 살았다면 볼 수 없었던 것을, 부산경남지역에 살면서 볼 수 있는 은혜를 입었다. 예를 들면, 지방과 서울을 잇는 교통편은 참 편리하지만, 지방과 지방을 연결하는 교통편은 참 불편하다는 것을 강원도 휴전선 근처에 둘째 아들을 입대시키고 나서 절감했다. 부산이 물류와 항만과 영화의 중심지라고 홍보하고 있지만, 이 모든 것이 결국은 서울을 향한다는 사실도 알게 되었다. 그동안 배웠던 교회사가 미국 선교의 영향을 받은 서울 중심의 장로교 역사였고, 호주와 캐나다의 선교와 감리교 역사는 충분히 다루지 못했다는 것을 깨닫는데도 얼마 시간이 걸리지 않았다.

이러한 불편한 진실들을 접하고 나서야, '서울이 조선이고, 조선이 곧 서울'이라고 생각했던 초기 선교사들의 실용주의적 편견도 보이기 시작했다. 한국 기독교의 중심이었던 평양과 서울로부터 가장 멀리 떨어진 땅 끝 부산, 경남에 두 발을 딛고 바라보는 기독교 역사는 다르게 적혀야만 한다는 믿음을 갖게 되었다. 미국 선교사들이 '위로부터의 선교'에 관심을 갖는 동안, 캐나다와 함께 가장 형편이 열악했던 호주 선교사들이 여성과 어린이 중심의 '아래로부터의 선교'에 관심을 가졌던 사실이 경이롭게 다가오기 시작했다. 하나님의 은혜로, 지역교회사라는 안경을 쓰고 난 후, 눈에 너무 익숙해 보이지 않았던 것들이 비로소 보이기 시작했다.

이 책에서 나눴던 주제처럼, 알렌이 처음 도착한 곳이 제물포가 아니라 부산이었다는 사실도 발견했고, 대부흥운동의 주역 하디의 고난과 좌절의 이야기가 부산에서 시작했다는 것도 알게 되었으며, 대부분이 여성들이었던 첫 호주 선교사들이 남긴 복음과 의료와 교육 선교의 열매들도 새롭게 느끼게 되었다. 일제강점기 전국 교회를 뒤흔들었던 배교와 순교의 이야기가 아직도 부산경남지역 교회 곳곳에 남아 있는 것을 보았고, 이로 인한 교회 분열의 지워지지 않는 상흔들도 발견했다. 한국전쟁으로 인해 한국교회사의 변방 땅 끝 부산에 어쩔 수 없이 찾아온 피난 기독교인들의 이야기와 이들이 남기 신앙의 흔적들을 부산지역 곳곳에서 어렵지 않게 볼 수 있었고 그리고 불교와 피난의 땅인 부산에서의 연합운동은 선택이 아니라 운명이라는 사실도 깨달았다. 무엇보다도 나의 관심사인 이단 연구와 관련하여, 근현대역사 속에서 각종 기독교 이단들이 쉽게 발흥할 수 있었던 최적지가 부산이었다는 아픈 사실도 깨닫게 되었다.

땅 끝 부산경남지역에서 기독교 역사를 공부하면서, 지난날들에 대한 추억이 다르게 적힌다는 사실도 깨달았고, 눈에 너무 익숙해 보이지 않는 것들도 보게 되었으니, 참 하나님의 은혜이다. 이 은혜가 신실한 믿음의 선진들과 함께하셨던 것처럼, 하루하루의 삶 가운데 함께하시기를 소망한다.